PRAXIS ideen

Schriftenreihe für Bewegung, Spiel und Sport

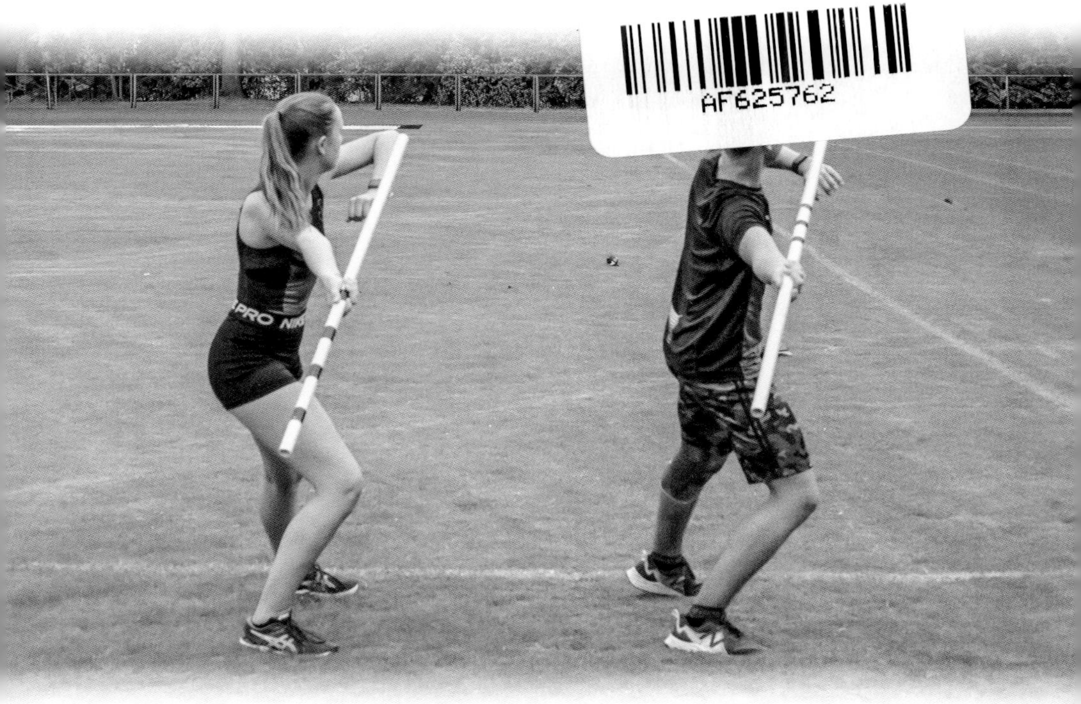

Band 3

Werfen und Stoßen

Leichtathletik in Schule und Verein

Peter Wastl, Rainer Wollny und Florian Heilmann

hofmann.

Bibliografische Information der Deutschen Nationalbibliothek
Die Deutsche Nationalbibliothek verzeichnet diese Publikation in der Deutschen Nationalbibliografie; detaillierte bibliografische Daten sind im Internet über http://dnb.d-nb.de abrufbar.

Bestellnummer 2761

Erschienen als Band 76
der PRAXISIDEEN – Schriftenreihe für Bewegung, Spiel und Sport.

Fotoaufnahmen und Bildbearbeitung: Daniel Hübler
(Daniel Hübler Bildgestaltung, Neuss, Deutschland)
Grafikvorlagen: Peter Wastl und Rainer Wollny
Grafikgestaltung: Angelique Chami und Manuel Schenk

Druck und Verarbeitung: Druck- und Kalender-Marketing Sosset GmbH, Kißlegg
Printed in Germany · ISBN 978-3-7780-2761-5

INHALT

Im vorliegenden Buch wurde auf die Nennung beider Geschlechter (Lehrerinnen/Lehrer – Schülerinnen/Schüler) oder die Verbindung in einem Wort (LehrerInnen bzw. Lehrer*innen) zugunsten einer möglichst einfachen Leseart verzichtet. Allgemeine Personenbezeichnungen schließen daher immer alle Geschlechter ein.

Einführung

Inhaltliche Ausrichtung

Der 3. Band *Werfen und Stoßen* der dreibändigen Reihe Leichtathletik in Schule und Verein beschäftigt sich mit den leichtathletischen Wurfdisziplinen insbesondere mit dem vielfältigen Werfen und Stoßen, dem Schlagballwerfen, dem Speerwerfen, dem Schleuderballwerfen, dem Diskuswerfen und dem Kugelstoßen. Ausgangspunkt ist die moderne Kinderleichtathletik (10–14 Jahre) mit Rückblick auf das frühe Schulkindalter (6–9 Jahre) und mit Ausblick auf das Jugendalter (15–18 Jahre). Berücksichtigt werden – in Anlehnung an Frey, Kurz und Hildenbrandt (1995) – nicht nur begabte Kinder und Jugendliche, sondern ebenso Heranwachsende mit geringer Begabung oder wenig Interesse für die Leichtathletik. Zu den praxisnahen Themen des 3. Bandes Werfen und Stoßen zählen der Bewegungsablauf des natürlichen Werfens und Stoßens, die spezifischen leichtathletischen Wurf- und Stoßtechniken im Anfängerbereich und die erlebnisreichen Bewegungserfahrungen vor und neben der Leichtathletik.

Exkurs **Leichtathletik in Schule und Verein – Laufen, Springen, Werfen und Stoßen**

Die aus drei Bänden bestehende Reihe *Leichtathletik in Schule und Verein* basiert auf dem im Jahr 2012 im Hofmann-Verlag in der Reihe *Praxisideen – Einzelsportarten* veröffentlichten kompakten Einzelband zur *Kinderleichtathletik* (Wastl & Wollny, 2012), der inhaltlich umfassend erweitert und aktualisiert wurde. Differenziert betrachtet werden folgende Grundformen und disziplinspezifische Bewegungstechniken der Leichtathletik: *Laufen – Band 1* (Wissenswertes zum Laufen, Ausdauerndes Laufen, Schnelles Laufen, Starten, Hürdensprinten, Sprint-Staffel), *Springen – Band 2* (Wissenswertes zum Springen, Weitspringen, Dreispringen, Hochspringen, Stabspringen) sowie *Werfen und Stoßen – Band 3* (Wissenswertes zum Werfen und Stoßen, Schlagballwerfen, Speerwerfen, Schleuderballwerfen, Diskuswerfen, Kugelstoßen).

Zielgruppen

Der Band 3 *Werfen und Stoßen* vermittelt – unterstützt durch zahlreiche farbige Fotos und erläuternde Grafiken – den an der modernen leichtathletischen Ausbildung von Kindern und Jugendlichen interessierten Sportlehrern, Vereinstrainern, Sportstudierenden sowie Referendaren die notwendigen sportwissenschaftlichen und leichtathletischen Kenntnisse. Im Mittelpunkt stehen verständliche Bewegungsbeschreibungen, vielfältige Praxisideen und Anregungen sowie zuverlässige Tipps, die keine detaillierten Vorkenntnisse erfordern. Der Band 3 Werfen und Stoßen der Reihe Leichtathletik in Schule und Verein umfasst mit Blick auf den Wiedererkennungswert zum Band 1 Laufen sowie Band 2 Springen einen kurzen Theorieteil (Kap. 1), der verschiedene Aspekte des Trainings in der Kinder- und Jugendleichtathletik (10 – 14 Jahre) betrachtet: Warm-up und Cool-down (1.1), ausgewählte Trainingsprinzipien (1.2), Funktionelles Training (1.3), biomechanische Prinzipien (1.4) und motorische Leistungskontrolle mittels sportmotorischer Tests (1.5).

Kapitel 1

Der umfassende Praxisteil (Kap. 2 – 6) zentriert sich auf die anfängerorientierte leichtathletische Ausbildung der Einzeltechniken der Disziplingruppen *Werfen und Stoßen*. In Anlehnung an den Band 1 *Laufen* und den Band 2 *Springen* thematisiert der *erste inhaltliche Schwerpunkt des Praxisteils* die typischen leichtathletischen Ergebnisorientierungen *weit werfen und weit stoßen*. Näher dargestellt werden neben den physischen Voraussetzungen der Heranwachsenden und den zentralen Technikmerkmalen der Disziplingruppen *Werfen* und *Stoßen* eine Vielzahl didaktisch-methodischer Anregungen, Bewegungsformen, Übungsgeräte, Spiel-, Übungs- sowie Wettkampfformen für die Schulung der leichtathletischen Wurf- und Stoßtechniken. Besonders hervorgehoben werden die Aneignung, die Erprobung und die Eigenwahrnehmung leichtathletischer Varianten des Werfens sowie Stoßens in der unmittelbaren Auseinandersetzung mit der Umwelt und dem Ziel der Förderung der Anpassungsfähigkeit an neue Bewegungstechniken. Auf die vertiefende Darstellung der Trainingsgesetzmäßigkeiten und der Ausbildung der motorischen Fähigkeiten muss aus Platzgründen ebenso verzichtet werden wie auf die Ausdifferenzierung spezieller Stundenbeispiele. Diese Aspekte können den in den Text eingefügten Leseempfehlungen entnommen werden.

Kapitel 2 – 6

Allgemeines zum Werfen und Stoßen

Ergebnis-orientierungen

Weit werfen und weit stoßen

Der *zweite inhaltliche Schwerpunkt* des Praxisteils richtet sich auf die problemorientierte Vermittlung vielfältiger, nachhaltiger motorischer Erlebnisse sowie Erfahrungen durch das Werfen und Stoßen *vor und neben der Leichtathletik*. Im Mittelpunkt stehen das problemorientierte Lernen und Üben sowie die Freude an leichtathletischen Bewegungen, Leistungen und Wettkämpfen. Die Vielfalt des Werfens und Stoßens wird zum Thema gemacht, indem die Autoren – ohne rezeptartig zu wirken – zum Nachdenken anregen und versuchen

Vielfältiges Werfen und Stoßen

- die Vielfältigkeit des Werfens und Stoßens aufzuzeigen
- sich von idealisierten Technikleitbildern mit Bedacht zu lösen
- die Akzeptanz für individuelle Bewegungsformen zu stärken
- das Bewegungsrepertoire auszubauen
- die Übungsaufgaben mit erweiterten Lösungswegen zu versehen

Anliegen der Autoren

- individuelle Lernwege auszuschöpfen
- Aufgaben für das selbstständige Experimentieren zu entwickeln
- bekannte und neue Geräte sowie Wettkampfideen einzusetzen
- Partner- und Gruppenarbeitsformen zu berücksichtigen
- in die Sprache, die Fachtermini und die Metaphern der leichtathletischen Praxis wie „Peitschenartiger Armzug“ einzuführen

Kapitel 2 – 6

Im Einzelnen geht Kapitel 2 des Praxisteils auf das Wissenswerte zum Werfen und Stoßen ein: Vielfalt (Kap. 2.1) sowie Gemeinsamkeiten des Werfens und Stoßens (Kap. 2.2), Gestaltung der Lern- sowie Lehrprozesse (Kap. 2.3) und geeignete Wettkampfformen (Kap. 2.4). Die anschließenden vier Kapitel – Schlagballwerfen (Kap. 3), Speerwerfen (Kap. 4), Schleuderballwerfen und Diskuswerfen (Kap. 5) sowie Kugelstoßen (Kap. 6) – gliedern sich vergleichbar mit dem Band 1 *Laufen* und dem Band 2 *Springen* in jeweils sieben Abschnitte.

- Voraussetzungen schaffen
- Grundlegende Technikmerkmale erkennen
- Techniken aneignen, variieren und optimieren
- Fehler erkennen und Übungsaufgaben entwickeln
- Lernen und Trainieren organisieren
- Wettkämpfe (Pädagogisch orientierte Wettkampfformen, DLV Wettkampfsystem Kinderleichtathletik, Wettkampfbestimmungen)
- Leseempfehlungen

Danksagungen

Bei der Erstellung der Fotos des Bandes 3 *Werfen und Stoßen* haben uns die Athleten und die Trainer der Leichtathletikabteilung des TSV Bayer Dormagen in hervorragender Art und Weise unterstützt. Hierfür möchten sich die Autoren an dieser Stelle recht herzlich bedanken.

Fotos und Grafiken

Fotoaufnahmen und Bildbearbeitung: *Daniel Hübler*
(Daniel Hübler Bildgestaltung, Neuss, Deutschland)
Grafikvorlagen: *Peter Wastl und Rainer Wollny*
Grafikgestaltung: *Angelique Chami und Manuel Schenk*

Liebe Leserinnen …

Wenn in diesem Buch die maskuline Form von Personen- und Funktionsbeschreibungen (z. B. Trainer, Athlet, Sportler, Schüler) oder generische Begriffe verwendet werden, dann sind aus Gründen der stilistischen Vereinfachung und der Lesefreundlichkeit generell Frauen, Männer und Diverse gemeint. Die Autoren bitten hierfür um Verständnis.

Kapitel

1

Aspekte des Trainings in der Kinder- und Jugendleichtathletik

Das Training in der Leichtathletik verfügt vergleichbar mit anderen Sportarten sowohl im Leistungssport als auch im Kinder- und Jugendsport über ein bedeutsames Potenzial, das aber in den verschiedenen Inhaltsbereichen von Trainern, Übungsleitern und Sportlehrern nur ansatzweise ausgeschöpft wird. Auf der physiologischen, motorischen, psychischen und biomechanischen Ebene können durch die Trainingssteuerung sowie die methodisch-praktischen Maßnahmen große Trainingseffekte hinsichtlich der Ausbildung und der Optimierung sowohl der motorischen Fähigkeiten als auch der disziplinspezifischen Techniken erzielt werden (vgl. Bd. 1, Kap. 1.3). Ein weiterer bedeutsamer Inhaltsbereich stellt die Trainingsdiagnostik im Rahmen biomechanischer Analyseverfahren und sportmotorischer Testverfahren dar (vgl. Wiemeyer & Wollny, 2017; 2023).

Kapitel 1.1 – 1.5

Im vorliegenden Band 3 *Werfen und Stoßen* der Reihe *Leichtathletik in Schule und Verein* erörtern die Kapitel 1.1 bis 1.5 den theoretischen und sportpraktischen Kenntnisstand zu fünf zentralen Inhaltsbereichen des leichtathletischen Kinder- und Jugendtrainings. Thematisiert werden zunächst das Warm-up und das Cool-down zur Vor- sowie Nachbereitung der Trainingseinheit, der Sportstunde oder des Wettkampfs (1.1). Die wesentlichen Prinzipien der Trainingssteuerung hinsichtlich der Auslösung, der Sicherung und der Kontrolle motorischer Anpassungen stellt Kapitel 1.2 dar. Im Anschluss gehen die Autoren näher auf das Funktionelle Training in der Leichtathletik (1.3) und die Biomechanik leichtathletischer Techniken ein (1.4). Das abschließende Kapitel 1.5 skizziert die Möglichkeiten sportmotorischer Test- und Diagnoseverfahren für die Leistungskontrolle in der Schule sowie im Verein.

1.1 Warm-up und Cool-down

Warm-up und Cool-down

Im Zentrum des Kapitels 1.1 steht die Frage nach der Relevanz des *Warm-ups* (Aufwärmen) und des *Cool-downs* (Abkühlen) für die Kinder- und Jugendleichtathletik. Bei Sportwissenschaftlern und Sportpraktikern besteht weitgehende Einigkeit darüber, dass beide trainingsmethodischen Maßnahmen für die Trainingseinheit und den Wettkampf unverzichtbar sind. Die Frage, wie das Warm-up und das Cool-down sowohl systematisch und disziplinspezifisch geplant als auch abwechslungsreich gestaltet werden kann, wird aber sehr unterschiedlich beantwortet. Die Mehrzahl der theoretischen Kenntnisse und methodisch-praktischen Erfahrungen liegen für das Warm-up vor.

Die beiden nachfolgenden Abschnitte erörtern, was beim Warm-up (1.1.1) und Cool-down (1.1.2) beachtet werden sollte. Eingegangen wird zunächst auf die jeweiligen zentralen Zielstellungen, Begriffsbestimmungen, physischen und psychischen Wirkungen sowie Einflussfaktoren. Abschließend werden „rezeptartige" methodisch-praktische Empfehlungen für die Umsetzung des Warm-ups und des Cool-downs in der Kinder- und Jugendleichtathletik gegeben.

1.1.1 Warm-up

Definitionen

Zielstellungen

Das *Warm-up* gilt – dies ist bei Wissenschaftlern, Trainern, Sportlehrern und Athleten unstrittig – als zentraler Inhaltsbereich des Trainings, des Schulsports und des Wettkampfs. Im Zentrum steht die physische, koordinative und psychische Vorbereitung des Sportlers auf die bevorstehende Belastung, damit zum richtigen Zeitpunkt individuelle Höchstleistungen erzielt werden können. Lange (2002), de Marées (2017) und Weineck (2019) unterscheiden zum einen das allgemeine und spezielle Warm-up, zum anderen das aktive (physische oder psychische) und passive Warm-up.

Allgemeines Warm-up

Das *allgemeine Warm-up* soll „die funktionellen Möglichkeiten des Organismus auf ein höheres Niveau" überleiten (Weineck, 2019, S. 905). Dies erfolgt durch disziplinunspezifische Maßnahmen zur Aktivierung und Erwärmung großer Muskelgruppen sowie zur Verbesserung der allgemeinen Beweglichkeits- und Koordinationsfähigkeit. Als geeignete Trainingsmittel gelten das „Einlaufen" (Warmlaufen), die kleinen Spiele, die dynamischen Dehnungsübungen und das Lauf-ABC (Bd. 1, Kap. 2.2), das Sprung-ABC (Bd. 2, Kap. 2.2) sowie das *Wurf- und Stoß-ABC* (Kap. 2.2).

Spezielles Warm-up

Das *spezielle Warm-up*, die disziplinspezifische Weiterführung des allgemeinen Aufwärmtrainings zielt nach Oltmanns (2009) und Weineck (2019) zum einen auf die spezifische Erwärmung und Dehnung der in der Trainingseinheit oder im Wettkampf besonders beanspruchten, leistungsbestimmenden Körperregionen. Zum anderen dient das spezielle Aufwärmtraining der Anpassung der Koordination und der leichtathletischen Techniken an die Intensität sowie die Bewegungsstruktur der bevorstehenden Aufgabe und der aktuellen Umweltbedingungen (z. B. Wetter, Wettkampfanlage). In der Leichtathletik ist das spezielle disziplinspezifische Warm-up von größerer Bedeutung als das allgemeine Aufwärmtraining. Beispielsweise sollten Werfer und Kugelstoßer insbesondere die Schulterregion spezifisch aufwärmen sowie dehnen. Im Gegensatz zu den Ausdauerdisziplinen sind umfassende Einlaufprogramme nicht notwendig. Demgegenüber verlangt der Sprint oder das ausdauernde Laufen keine umfassende Dehnung der oberen Extremitäten.

Aktives Warm-up

Beim *aktiven physischen Warm-up* werden durch allgemeine oder spezielle körperliche Tätigkeiten vorrangig physische Aktivierungs- und Anpassungsprozesse ausgelöst, während sich der Athlet beim *aktiven psychischen Warm-up* (mentales Aufwärmen) den Bewegungsablauf geistig vorstellt. Nach Weineck (2019, S. 905) eignen sich mentale Aufwärmtechniken nur zur Vorbereitung einfacher oder automatisierter Bewegungen. „Isoliert angewendet ist das mentale Aufwärmen in den meisten Fällen von geringem Wert, da es die für das Aufwärmen charakteristischen Anpassungsprozesse nur z. T. und mit oftmals unzureichender Intensität in Gang setzt. In Kombination mit aktiven Aufwärmmethoden hingegen ist es in verschiedenen technischen Sportartdisziplinen (z. B. Gerätturnen, Leichtathletik) von großer Wirksamkeit".

Passives Warm-up

Beim *passiven Warm-up* erfolgt die Steigerung der Körpertemperatur und die Muskelaktivierung durch Massagen, Hautreizmittel (z. B. Salben, Öle), Bestrahlung oder Warmwasserbäder. Hierbei wird die Skelettmuskulatur oberflächlich über die Haut erwärmt, ohne dass die gesamte Muskulatur belastungsgerecht durchblutet und erwärmt wird (de Marées, 2017). In der Leichtathletik wird das passive Aufwärmen vornehmlich als Ergänzung des aktiven Warm-ups eingesetzt, da durch das aktive Aufwärmtraining die bessere Vorbereitung erzielt wird.

Das *aktive Warm-up* wirkt nach Lange (2002), Oltmanns (2009), de Marées (2017) und Weineck (2019) auf folgende leistungsbestimmende Regulationen und Aspekte:

Allgemeine Wirkungen des aktiven Warm-ups

- **Physisch-energetische Regulationen**
  Beschleunigung: Herz-Kreislauf-System, Stoffwechselprozesse, Kontraktionsgeschwindigkeit
  Steigerung: Muskeltemperatur, Durchblutung, Energieumsatz
  Ökonomisierung: Atmung
- **Neuronale Regulationen**
  Steigerung: Nervenleitgeschwindigkeit, Rezeptorempfindlichkeit
  Optimierung: Muskeltonus, intra-/intermuskuläre Koordination
- **Psychisch-zentralnervöse Regulationen**
  Verbesserung: Aufmerksamkeit, Wohlbefinden
  Verringerung: Erregung, Anspannung

- **Beweglichkeitsfähigkeit**
  Verbesserung: Dehnungsfähigkeit, Gelenkigkeit
- **Technik**
  Verbesserung: Koordination
- **Verletzungs- und Überlastungsprophylaxe**
  Verbesserung: Vordehnung der Muskeln, Sehnen und Bänder

Disziplinspezifische Wirkungen des aktiven Warm-ups

In den *Ausdauerdisziplinen* führt das *aktive Warm-up* zur vermehrten Öffnung und Weitstellung der Muskelkapillaren sowie zur Verbesserung der O_2-Aufnahme, so dass sowohl die Sauerstoff- und Substratversorgung als auch die aerobe und anaerobe Enzymaktivität gesteigert, der Energiebedarf größtenteils aerob gedeckt, die anaerobe Energiebereitstellung vor der Belastung verringert und das O_2-Defizit verkleinert werden (de Marées, 2017; Weineck, 2019). In den *Wurf- und Sprungdisziplinen* bewirkt das aktive Aufwärmtraining, dass für die leistungsbestimmende Muskulatur die optimale „Arbeitstemperatur", Durchblutung, Dehnung und Versorgung mit energiereichen Substraten erzielt wird (Weineck, 2019).

Einflussfaktoren Warm-ups

Den *zeitlichen Umfang* und die *Intensität des Warm-ups* beeinflussen *endogene* (z. B. Alter, Geschlecht, Trainingszustand, Psyche) und *exogene Faktoren* (z. B. Sportdisziplin, Tageszeit, Klima, Jahrestrainingsplan). Beispielsweise verändert sich „die Aufwärmzeit und die Aufwärmintensität [...] mit zunehmendem Alter. Je älter der Sportler, umso behutsamer und allmählicher, d. h. länger, hat das Aufwärmen zu erfolgen" (Weineck, 2019, S. 912). Im Hinblick auf die Tageszeit benötigen zahlreiche Sportler am frühen Morgen eine längere Aufwärmzeit, bis der Organismus für Höchstleistungen bereit ist, als am Nachmittag oder Abend. Bei wenig trainierten Kindern und Jugendlichen führt das intensive Aufwärmtraining zur körperlichen Ermüdung und Verschlechterung der Leistungsfähigkeit (Oltmanns, 2009; Lück & Götz, 2020).

Methodisch-praktische Empfehlungen

In der Kinder- und Jugendleichtathletik sollte sich die Planung des Aufwärmtrainings an fünf anerkannten Prinzipien orientieren: (1) *Vom Allgemeinen zum Speziellen,* (2) *Vom Leichten zum Schwierigen,* (3) *Vom Langsamen zum Schnellen* (4) *Aufwärmen ohne zu ermüden* und (5) *Variationen motivieren* (vgl. Lange, 2002). Des Weiteren besteht bei Sportwissenschaftlern, Sportpraktikern und Athleten große Einigkeit darüber, dass die verschiedenen leichtathletischen Disziplingruppen sehr spezifische Anforderungen an das Warm-up stellen.

In der Leichtathletik dominiert weitgehend ein standardisiertes dreiphasiges Aufwärmprogramm, das zur Aktivierung großer Muskelgruppen traditionell mit der *allgemeinen körperlichen Erwärmung* beginnt (*1. Phase*, z. B. Gehen, moderates Einlaufen, kleine Spiele). Die anschließende *2. Aufwärmphase* umfasst allgemeine Dehnungsübungen zur Kräftigung und Stabilisierung großer Muskelgruppen (z. B. funktionelle Gymnastik) sowie *disziplinspezifische Dehnungsübungen* (z. B. Speerwerfen: Dehnung der Schultermuskulatur, Hürdensprinter: Spreizfähigkeit unterer Extremitäten). Im Mittelpunkt der *3. Aufwärmphase* stehen *disziplinorientierte Koordinations- und Technikübungen* wie das Lauf-, Wurf-/Sprung-ABC oder Spezialübungen.

Dreiphasiges Aufwärmprogramm

Das in der Leichtathletik weit verbreitete klassische dreiphasige Aufwärmtraining wird in den letzten Jahren zunehmend kritisch hinterfragt. Nach Lück und Götz (2020) sowie Lange (2002, S. 5–6) kann beobachtet werden, dass „Jugendliche jeden Alters aus verschiedenen Vereinen mit unterschiedlichen Leistungsniveaus und aus unterschiedlichen Disziplinblöcken alle im Großen und Ganzen das gleiche ritualisierte Aufwärmprogramm abspulen. […] Selbst im Laufe der Jahre ist erschreckenderweise bei einer Vielzahl von Sportlern keine Veränderung der Übungen, deren Belastungsumfang und -intensität festzustellen“.

Lück und Götz stellen im Jahre 2020 der „starren“ inhaltlichen und organisatorischen Struktur des klassischen dreiphasigen Aufwärmtrainings ein neuartiges auf praktischen Erfahrungen von Physiotherapeuten sowie Athletiktrainern basierendes sechsphasiges Aufwärmprogramm gegenüber. Die *Phase 1* (*Cardio*, ca. 10 min) zielt auf das allgemeine Warm-up mittels koordinativer Übungen mit geringer Intensität in Kombination mit Aufgaben zur Aktivierung des Herz-Kreislauf-Systems, Steigerung der Körpertemperatur und psychischen Einstimmung (z. B. Koordinationsleiter, Lauf-ABC, kleine Spiele). Die nachfolgende *Phase 2 (Gelenk für Gelenk)* dient unter dem Motto „Mobilität vor Stabilität“ der ermüdungsfreien Vorbereitung der Körpergelenke auf die nachfolgenden Belastungen. Die Übungen der *Phase 3* (*Core*, 5–10 min) zur Aktivierung und Stärkung der vorderen (z. B. Frontstütz), rückseitigen (z. B. Bridging) und seitlichen Kette der Oberkörpermuskeln (z. B. Seitstütz) folgen der Leitorientierung „Stabilität vor Mobilität“.

Sechsphasiges Aufwärmprogramm

Phase 1 – 3

Phase 4 – 6

Im Zentrum der *Phase 4 (Rotation–Antirotation)* stehen die Aktivierung der Muskulatur, Nerven, Muskel- und Gelenkrezeptoren durch kombinierte Streck- sowie Rotationsbewegungen oder antirotatorische Übungen (z. B. Theraband). Das Ziel der *Phase 5 (Kombi-Übungen)* besteht in der Verbesserung der elastischen Muskeleigenschaften, der neuronalen Aktivierung und der Schnelligkeitsfähigkeit durch die direkte Verbindung langsamer gymnastischer Beweglichkeitsübungen mit schnellen Bewegungsaufgaben aus dem Lauf-ABC. Zum Abschluss des sechsphasigen Aufwärmprogramms *(Phase 6: Sportspezifische Vorbereitung)* leiten disziplinspezifische Aufgaben zum Hauptteil der Trainingseinheit oder zum Wettkampf über. In den Wurfdisziplinen erfolgt dies durch „Imitationsübungen oder vorbereitender Übungen mit dem Wettkampfgerät" (Lück & Götz, 2020, S. 10). Für die *Sprung- und Sprintdisziplinen* eignen sich insbesondere Schnellkraftaufgaben.

Frey und Hildebrandt (1995), Oltmanns (2009) sowie Weineck (2019) propagieren für das *aktive allgemeine Warm-up* in der Kinder- und Jugendleichtathletik folgende „rezeptartige" Empfehlungen.

„Rezeptartige" Empfehlungen für das Warm-up

- **Zeitpunkt:** Trainingsbeginn, vor Wettkampfbeginn
- **Intensität:** Allmähliche Zunahme, nicht ermüdend
- **Dauer:**
  Training Ausdauer: mind. 20 min, Schnellkraft: 15–20 min
  Schulsport > 5 min (50 % Aufwärmeffekt)
  Wettkampf 20–40 min
- **Alter:**
  Kinder Spielerisch und kürzer
  Jugendliche Technikbezogen und länger
- **Tageszeit:** Früher Vormittag bis Mittag: Verlängert
- **Temperatur:** *Hoch:* Verkürzt; *Gering:* Verlängert

Lese-empfehlungen

Eine differenzierte Übersicht über die Intensität, die zeitliche Dauer, den Belastungsumfang und die Disziplinspezifität der einzelnen Phasen des leichtathletischen Aufwärmtrainings findet sich bei Lange (2002). Gleichermaßen lesenswert sind die praxisorientierten Beiträge von Lütgeham (2019) und Lück & Götz (2020) in der Zeitschrift *Leichtathletiktraining*, die eine Vielzahl innovativer Spiel- und Übungsformen zur Steigerung der Körpertemperatur und der Beweglichkeitsfähigkeit anführen.

1.1.2 Cool-down

Das in der Sportpraxis vielfach vernachlässigte *Cool-down* (*Abwärmen:* Weineck, 2019; *Abkühlen:* Ahonen et al., 2003) – als eigenständiger Inhaltsbereich der Trainingseinheit und des Wettkampfs – ist für die Kinder- und Jugendleichtathletik gleichermaßen bedeutsam wie das Aufwärmtraining. Beispielsweise wird in der Schule „das Abwärmen des Öfteren aus Zeitmangel vernachlässigt, aus Gedankenlosigkeit vergessen oder aus Unüberlegtheit für unwichtig erachtet. Nicht selten verlassen Schüler den Sportunterricht und bisweilen ebenfalls Sportler das Training in einem erhöhten Spannungs- und Erregungszustand und können sich in den folgenden Stunden u. U. nicht richtig konzentrieren" (Weineck, 2019, S. 916).

Definitionen

Zielstellungen

Das *Cool-down* richtet sich nach der Belastung auf die schnelle Wiederherstellung der körperlichen und psychischen Leistungsbereitschaft sowie die Steigerung des Wohlbefindens der Sportler (Weineck, 2019; Rothenfluh & Kunze, 2001). Hierfür eignen sich nach Weineck (2019) das *aktive Cool-Down* (z. B. moderates Laufen, Bewegung im Wasser) und das *passive Cool-down* (z. B. „Muskelausschütteln", Regenerations- und Reizstrommassage, Sauna, Entspannungs- oder Eisbad). Zu den besonderen Wirkungen des Cool-downs zählen der beschleunigte Abbau des in der Muskulatur belastungsbedingt angereicherten Laktats und die Normalisierung des Anspannungs- sowie Erregungszustandes der Athleten (Weineck 2019).

Aktives und passives Cool-down

Wirkungen

Einflussfaktoren

Hinsichtlich der *Art* und der *zeitlichen Dauer* des *Cool-downs* spielen verschiedene endogene und *exogene Einflussfaktoren* eine bedeutsame Rolle beispielsweise das Lebensalter, die Sportdisziplin, die Intensität der vorangegangenen Belastung, die Tageszeit oder das Klima (vgl. Frey & Hildebrandt, 1995; Weineck, 2019). „Am Morgen ist ein kürzeres Auslaufen notwendiger als am Abend, da der Organismus noch in geringerem Maße „hochgefahren" ist (die Körpertemperatur ist am Morgen am niedrigsten und am Abend am höchsten). […] Im Sommer bedarf es eines graduell längeren und intensitätsärmeren Auslaufens als im Winter" (Weineck, 2019, S. 917).

„Rezeptartige" Empfehlungen für das Cool-down

Das Cool-down sollte nach Ahonen et al. (2003) und Weineck (2019) am Ende der Trainingseinheit oder des Wettkampfs angeboten werden. Im Mittelpunkt steht zunächst die Aktivierung regenerativer Stoffwechselvorgänge (z. B. Laktatabbau, Dauer: 10 – 20 min) und der Abbau des Anspannungs- und Erregungszustands der Sportler. Im Anschluss folgt die intermittierende langsame Dehnung der beanspruchten Muskulatur zur Senkung des Muskeltonus (3–4 x 10 sec pro Muskelgruppe). Generell muss berücksichtig werden, dass das Cool-down den Organismus nicht weiter beanspruchen darf.

1.2 Ausgewählte Trainingsprinzipien

Im Sport gelten Trainingsprinzipien als allgemeingültige Handlungsorientierungen für die effektive Trainings- und Wettkampftätigkeit von Sportlern und Trainern (Schnabel et al., 2003, S. 230). Trainingsprinzipien zeichnen sich dadurch aus, dass diese

- auf biologischen und didaktisch-methodischen Gesetzmäßigkeiten basieren,
- auf Verallgemeinerungen von Erfahrungen der Trainingspraxis beruhen, die eine hohe Allgemeingültigkeit besitzen sowie
- richtungsweisende und praktisch orientierte Trainingsgrundsätze darstellen.

Bindeglied zwischen theoretischem Wissen und praktischem Handeln

Die Grundlage für die Aufstellung von *Trainingsprinzipien* im Sport umfasst sowohl wissenschaftliche Kenntnisse als auch sportpraktische Erfahrungen erfolgreicher Trainer. Nach Panzer (2002) gelten Trainingsprinzipien als das zentrale Bindeglied zwischen dem theoretischen Wissen und dem praktischen Handeln von Trainern sowie Sportlern. In diesem Sinne stellen Trainingsprinzipien eher eine allgemeine Orientierungsgrundlage als konkrete Handlungsrichtlinien dar oder anders ausgedrückt, keine starren Vorschriften, sondern Regulative mit spezieller Handlungsbreite (Schnabel et al., 2003).

Auf subjektiven Erfahrungen beruhend

Auslösung, Sicherung und Kontrolle der Anpassungen

Die trainingswissenschaftliche Literatur benennt zwar zahlreiche Trainingsprinzipien, die aber wissenschaftlich wenig abgesichert sind, mehrheitlich auf subjektiven Erfahrungen (Alltagstheorien) beruhen und keine einheitliche Systematisierung aufweisen. Da sich hieraus jedoch für das leichtathletische Training bedeutsame allgemeingültige trainingsmethodische Handlungsanweisungen ableiten lassen, werden im Folgenden drei Gruppen von Trainingsprinzipien im Überblick dargestellt. Diese betreffen die *Auslösung* (1.2.1), die *Sicherung* (1.2.2) und die *Kontrolle motorischer Anpassungen* (1.2.3). Bei der Formulierung der Trainingsprinzipien wird basierend auf den wissenstheoretischen Grundlagen jeweils eine entsprechende Handlungsanweisung aufgestellt.

1.2.1 Prinzipien der Auslösung motorischer Anpassungen

Prinzip des trainingswirksamen Reizes

Die anwendungsspezifische Auslösung motorischer Anpassungsreaktionen wird bei Athleten nur dann hervorgerufen, wenn die jeweiligen Belastungskomponenten derart aufeinander abgestimmt sind, dass die Belastungsdosierung den kritischen Schwellenwert überschreitet.

Die effektive Belastungsdosierung setzt sich aus folgenden vier Belastungskomponenten zusammen:

Effektive Belastungsdosierung

- Die *Belastungsintensität* beschreibt den auf den Trainierenden einwirkenden Anstrengungsgrad. Dieser wird üblicherweise als Prozent der jeweiligen maximalen Leistungsfähigkeit angegeben.
- Die *Belastungsdauer* entspricht der Zeitspanne, in der die Belastung oder die Reizserie auf den Sportler einwirkt.
- Die *Belastungsdichte* bezeichnet das jeweilige Verhältnis von Belastung und Erholung. Eine hohe Reizdichte kennzeichnet die Pausenverkürzung und eine geringe Reizdichte die Pausenverlängerung.
- Der *Belastungsumfang* entspricht der Summe der Einzelbelastungen beispielsweise die Gesamtanzahl der Wiederholungen in einzelnen Serien, die zurückgelegte Gesamtstrecke, das bewegte Gesamtgewicht oder die Gesamtbelastungszeit.

Prinzip der progressiven Belastung

Der menschliche Körper passt sich bei gleichbleibenden über einen längeren Zeitraum einwirkenden Trainingsbelastungen derart an, dass die Trainingsreize nicht mehr überschwellig oder sogar unterschwellig wirken. Für die weitere Leistungssteigerung ist es deshalb zwingend notwendig, die Trainingsbelastung in gewissen Zeitabständen kontinuierlich oder sprunghaft zu steigern. Belastungssteigerungen können durch die Veränderung

Belastungen allmählich steigern

- der Belastungskomponenten (z. B. Umfang, Intensität, Dauer),
- der koordinativen Anforderungen der Trainingsübungen und
- der Anzahl sowie des Anforderungsniveaus der Wettkämpfe erzielt werden.

Veränderungen der Belastungskomponenten erscheinen langfristig in folgender Reihenfolge zweckmäßig: Steigerung der Trainingshäufigkeit (Trainingseinheiten pro Woche), Steigerung des Trainingsumfangs innerhalb der Trainingseinheit, Verkürzung der Pausen und Steigerung der Trainingsintensität.

Prinzip der Belastungsvariation

Belastungen variieren

Gleichartige Trainingsreize über einen längeren Zeitraum können zu Leistungsstagnationen führen, die durch Veränderungen des Belastungsreizes verhindert werden können. Hierbei sind nicht nur Variationen der Belastungsintensitäten, sondern ebenso der Trainingsinhalte, der Bewegungsdynamik und der Pausengestaltung sinnvoll.

1.2.2 Prinzipien der Sicherung motorischer Anpassungen

Prinzip der optimalen Relation von Belastung und Erholung

Wiederherstellungszeiten beachten

Der menschliche Organismus benötigt nach der trainingswirksamen Belastung innerhalb der Trainingseinheit eine bestimmte Zeitspanne für die körperliche Wiederherstellung, bevor die nächste gleichartige Trainingsbelastung erfolgen kann. Biologische Grundlage hierfür stellt das *Modell der Superkompensation* dar, das zwar wissenschaftlich in der Kritik steht (z. B. keine Differenzierung hinsichtlich der Organspezifitäten), für das allgemeine Verständnis aber durchaus hilfreich sein kann. Nach einem entsprechend starken Belastungsreiz kommt es hier-

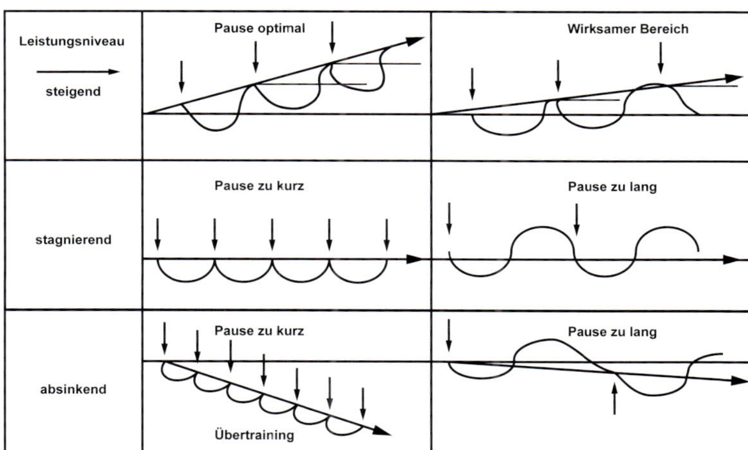

Abb. 1: Prinzip der optimalen Relation von Belastung und Erholung (mod. nach Blum & Friedmann, 2001, S. 13)

nach nicht nur zur Wiederherstellung des Ausgangsniveaus, sondern zur Überkompensation. *Zentrales Ziel der Superkompensation* ist es, den richtigen Zeitpunkt abzuwarten, um den Superkompensationseffekt zu erhöhen. Nach dieser Annahme wird der optimale Leistungszuwachs dann erreicht, wenn die nächste Trainingseinheit zum Zeitpunkt der höchsten Superkompensation erfolgt (s. Abb. 1).

In der Trainingspraxis ist die Bestimmung des optimalen Zeitpunkts für den neuen trainingswirksamen Reiz jedoch ausgesprochen schwierig, da eine Reihe weiterer Einflussfaktoren – individuelle Anpassungsfähigkeit und trainingsbegleitende Maßnahmen (z. B. Auslaufen, Massagen, Ernährung) – eine bedeutsame Rolle spielen. Des Weiteren muss berücksichtigt werden, dass zum einen die Anpassungsprozesse nur in der Regenerationsphase zwischen den einzelnen Trainingseinheiten stattfinden, so dass nur die ausreichende Regeneration zu Leistungsverbesserungen führt. Zum anderen vollzieht sich bei Trainingsanfängern die Umsetzung der Superkompensation in das höhere Leistungsniveau schneller als bei bereits langjährig trainierenden Sportlern.

Prinzip der Wiederholung und der Kontinuität

Das einmalige sportliche Training löst beim Menschen keine messbaren dauerhaften körperlichen Anpassungen aus. Vielmehr sind regelmäßige körperliche Belastungen notwendig, da der menschliche Organismus eine Reihe von Umstellungsprozessen einzelner somatischer Funktionssysteme wie metabolische Prozesse oder willkürliches Nervensystem durchlaufen muss, um eine dauerhafte körperliche Anpassung zu erreichen. Im Einzelnen vollziehen sich metabolische und enzymatische Umstellungsvorgänge relativ schnell (2–3 Wochen), während strukturelle morphologische Veränderungen eine längere Zeitspanne benötigen (mindestens 4–6 Wochen). Die längsten Anpassungszeiten verlangen die Strukturen des Zentralnervensystems (mehrere Monate). Nicht vermeidbare Rückbildungen funktioneller und morphologischer Anpassungen stellen sich dann ein, wenn regelmäßige, dauerhafte Belastungsreize ausbleiben.

Regelmäßige und dauerhafte Belastungen

Prinzip der Periodisierung

Die Unterteilung des Trainingsjahrs in verschiedenartige systematische aufeinanderfolgende Schwerpunktphasen – sogenannte Makrozyklen – ist zwingend erforderlich, da sich die Athleten nicht ganzjährig im Hochleistungszustand befinden können. In diesem Sinne muss das sportliche Training einem periodischen Wandel unterworfen werden, bei dem der ständige Wechsel zwischen Belastung und Entlastung sowie zwischen Umfangssteigerung und Intensitätsverringerung angestrebt wird. Der Makrozyklus wird in drei Phasen unterteilt:

Makrozyklus

Drei Phasen

- *Vorbereitungsperiode* (Aufbauende Phase)
- *Wettkampfperiode* (Stabilisierende Phase)
- *Übergangsperiode* (Reduzierende Phase)

Diese drei Phasen des Makrozyklus werden in belastungssteigernde, belastungserhaltende und belastungsreduzierende Phasen weiter untergliedert (Meso- und Mikrozyklen). Zentrales Ziel ist die Herausbildung der optimalen sportlichen Form der Athleten zu einem bestimmten, festgelegten Zeitpunkt (z. B. wichtiger Wettkampf). Die Berücksichtigung derartiger spezieller Trainingsphasen kann sowohl Belastungsüberforderungen vermeiden als auch zu bestimmten Zeiten höhere Leistungsspitzen hervorrufen (Weineck, 2019).

1.2.3 Prinzipien der Kontrolle motorischer Anpassungen

Prinzip der individualisierten Belastung

Die Trainingsreize müssen derart gestaltet werden, dass die jeweilige individuelle Belastbarkeit, Akzeptanz und Bedürfnislage des Sportlers berücksichtigt werden. Dieselbe Belastung kann für den einen Sportler eine Unterforderung und für den anderen Sportler eine Überforderung darstellen (Weineck, 2019). Dementsprechend muss sowohl der individuelle Trainingszustand als auch die Veranlagung und das Lebensalter der Athleten beachtet werden.

Individuelle Belastung

Prinzip der korrekten Belastungsabfolge

Reihenfolge der Belastung

In Trainingseinheiten, in denen mehrere unterschiedliche Leistungskomponenten geschult werden (Kondition, Koordination, Technik), sollten zu Beginn vorrangig Koordinations- und Schnelligkeitsübungen stehen, die einen erholten psycho-physischen Zustand der Sportler und nachfolgend vollständige Erholungspausen erfordern.

Prinzip der zunehmenden Spezialisierung

Spezialisierung

Bei Kindern und Jugendlichen wird allgemein von Entwicklungsphasen höherer und geringerer motorischer Anpassungsfähigkeit ausgegangen. Dies bedingt, dass aufbauend auf der breiten Basis der motorischen Leistungsfähigkeit und der Belastungsverträglichkeit rechtzeitig sowie dosiert ein speziell auf die leichtathletischen Teildisziplinen ausgerichtetes Training durchgeführt werden sollte.

Prinzip der Wechselwirkung einzelner Trainingsinhalte

Wechselwirkung der Trainingsinhalte

Verschiedene Trainingsinhalte (z. B. Ausdauer- oder Krafttraining) können sich gegenseitig positiv oder negativ beeinflussen. Dieses Phänomen wird dadurch erklärt, dass unterschiedliche Belastungsformen (z. B. Kraft-, Ausdauer- oder Koordinationstraining) den Organismus verschiedenartig beanspruchen und den Umfang oder die Dauer der Regeneration beeinflussen. Dieses Wissen sollten Trainer und Lehrer bei der Trainingsplanung berücksichtigen, um negative Wechselwirkungen zwischen den verschiedenen Trainingsinhalten zu vermeiden.

1.3 Funktionelles Training (Florian Heilmann)

Das *Funktionelle Training* zählt in der professionellen nationalen und internationalen Leichtathletik zum bedeutsamen Trainingsgegenstand, der seit einigen Jahren zunehmend in den Fokus der Sportwissenschaft und der Kinder- sowie Jugendleichtathletik rückt. Die zentralen Ziele des vorliegenden Kapitels 1.3 bestehen *zum einen* in der sportwissenschaftlichen Begriffsbestimmung des *Funktionellen Trainings* und dessen Einordnung in die Kinder- und Jugendleichtathletik. *Zum anderen* werden exemplarisch zwei grundständige funktionelle Übungen – *Seitlicher Medizinballwurf* und *Schlittenschieben* – erörtert, die von Trainern, Sportlehrern und Athleten in das disziplinspezifische Leichtathletiktraining eingebunden werden können.

Stellenwert des Funktionellen Trainings

Der Stellenwert des Funktionellen Trainings in der Leichtathletik soll zunächst anhand eines Zitats des deutschen Zehnkämpfers Kai Kazmirek (Bronzemedaillengewinner Weltmeisterschaft 2017, London) verdeutlicht werden: „Das Funktionelle Training spielte in meiner Jugend wie auch im jetzigen Erwachsenenbereich eine wichtige Rolle zur Leistungserhaltung und Leistungssteigerung. Insbesondere im Aufbautraining sollte das Funktionelle Training einen großen Baustein darstellen. Nur mit einer breiten Basis und der damit verbundenen körperlichen Physis ist die hohe Leistungsfähigkeit an der Spitze möglich“ (Kai Kazmirek, 2022).

In der Leichtathletik wird das *Funktionelle Training* aufgrund differierender Definitionen bislang sehr unterschiedlich angewendet. Vielfach wird das allgemeine Training auf instabilen Untergründen oder das Krafttraining mit dem eigenen Körpergewicht als Funktionelles Training bezeichnet (Boyle, 2011). Des Weiteren wird der Begriff *Funktionelles Training* entweder als Oberbegriff für ein umfassendes Trainingskonzept (z. B. *Michael Boyle:* Experte für Leistungsoptimierung im Sport, Boyle, 2011, 2017; *Gray Cook:* Physiotherapeut, Orthopäde und Erfinder des Functional Movement Systems, Cook et al., 2010; *Mark Verstegen:* US-amerikanischer Fitnessexperte, Verstegen & Williams, 2012) oder für einen Teilbereich des leichtathletischen Trainings angesehen (z. B. Gary Gray: Physiotherapeut, Therapie von Patienten und Athleten).

Definition

Die Autoren der aus drei Einzelbänden bestehenden Reihe *Leichtathletik in Schule und Verein* betrachten das Funktionelle Training als zentralen Baustein des disziplinspezifischen Trainings in der Kinder- und Jugendleichtathletik, das wie folgt definiert wird: *Funktionelles Training beschreibt die systematische, progressive, auf das individuelle Training abgestimmte Ausbildung funktioneller Bewegungsmuster mit dem Ziel der Leistungssteigerung der Zielfertigkeit.*

Ziele des Funktionellen Trainings

Als *Hauptziele* des *Funktionellen Trainings* gelten im Sport die disziplin- und sportartübergreifende Leistungssteigerung, Leistungserhaltung und Leistungswiedererlangung. In der Kinder- und Jugendleichtathletik dominieren die Leistungssteigerung der Oberkörperstabilität, des Körpergleichgewichts und der Beweglichkeit, die allgemeine sowie spezielle gelenkspezifische Stabilisation, die motorische Ökonomisierung und die Verletzungsprävention mit dem Ziel, die ausgeglichene Ausbildung der verschiedenen Muskelketten sowie der funktionellen Bewegungsmuster sicherzustellen. Beispielsweise verbessert das seitliche Werfen des Medizinballs die Zielbewegung des Diskuswurfs.

Abgrenzung zu Stabilisationstraining und Funktioneller Fitness

Das *Funktionelle Training* muss gegenüber dem Begriff *Funktionelle Fitness* und dem in der Leichtathletik weit verbreiteten *Stabilisationstraining* abgegrenzt werden. *Funktionelle Fitness* beschreibt die Anwendung funktioneller Übungen im Gesundheits- und Breitensport mit dem Ziel, alltagsrelevante und sportübergreifende Bewegungen oder Bewegungsmuster zu ökonomisieren sowie die allgemeine Fitness und die motorischen Basisfähigkeiten zu verbessern. Die Inhalte des aus der Leichtathletik bekannten *Stabilisationstrainings* überschneiden sich vielfach mit denen des Funktionellen Trainings hinsichtlich der Rückführung des Körpers aus der instabilen Lage in die stabile Lage. Die Übungen des Funktionellen Trainings kennzeichnen im Gegensatz zu Stabilisationsübungen (z. B. Unterarmstütz) einen direkten logisch ableitbaren Transfereffekt in Bezug auf die jeweilige Zielbewegung (z. B. Seitlicher Medizinballwurf und Wurfbewegung im Diskuswurf).

Das *Funktionelle Training* orientiert sich an vier grundsätzlichen Trainingsprinzipien, die nachfolgend anhand von zwei speziellen Übungen des Funktionellen Trainings – *Seitlicher Medizinballwurf* (s. Abb. 2a) und *Schlittenschieben* (s. Abb. 2b) – erläutert werden.

Vier Prinzipien des Funktionellen Trainings

- *Prinzip der gezielten Ansteuerung einzelner oder mehrerer Muskelgruppen*
  Die funktionellen Übungen dienen der zielgerichteten Ansteuerung der Skelettmuskulatur, indem die Belastung und die Geschwindigkeit der Bewegungsausführung variabel gestaltet werden.
- *Prinzip der progressiven Belastungssteigerung – Vom Einfachen zum Schweren*
  Die Trainingsbelastung wird mit zunehmendem Leistungsniveau allmählich gesteigert.
- *Prinzip der individuellen Belastungssteuerung*
  Die Trainingsplanung berücksichtigt die individuellen Voraussetzungen der Sportler (z. B. Leistungsniveau, Leistungsziele).
- *Prinzip des sportartspezifischen Belastungs- oder Bewegungsmusters – Höchstmöglicher Transfereffekt*
  Die Belastungs- und Bewegungsmuster der funktionellen Übungen sollen einen speziellen Übertragungseffekt zur Verbesserung der Zielleistung ermöglichen.

Seitlicher Medizinballwurf

Beispiel

Seitlicher Medizinballwurf

Der *seitliche Medizinballwurf* (s. Abb. 2a) schult ein spezielles funktionelles Bewegungsmuster, das eine hohe Relevanz für verschiedene leichtathletische Zielbewegungen aufweist (z. B. Diskuswurf, Speerwurf). Die Ausgangsstellung des seitlichen Medizinballwurfs kennzeichnet – vergleichbar zum Diskuswurf – die schulterbreite Fußstellung, den in Wurfrichtung zurückgestellten Fuß und die gering gebeugten Kniegelenke. Der mit beiden Händen gehaltene Medizinball wird mit einer Drehbewegung zunächst nach „hinten-unten“ und anschließend nach „vorn-oben“ geführt sowie am höchsten Punkt der Drehung abgeworfen.

Der *seitliche Medizinballwurf* spricht mehrere Muskelgruppen der unteren und oberen Extremitäten speziell an (z. B. vordere und hintere Oberschenkelmuskulatur, Bauchmuskulatur, Rückenmuskulatur, Armmuskulatur; *Prinzip der gezielten Ansteuerung einzelner oder mehrerer Muskelgruppen*). Die wesentliche Übungsintention besteht in der Steigerung der Maximalkraftfähigkeit der unteren Extremitäten, insbesondere der konzentrischen Muskelarbeit, die in verschiedenen Disziplinen der Leichtathletik das mitentscheidende Leistungskriterium darstellt (z. B. Diskuswurf; Reis & Ferreira, 2003, *Prinzip des sportartspezifischen Belastungs- oder Bewegungsmusters*). In der Kinder- und Jugendleichtathletik lässt sich die körperliche Beanspruchung der Heranwachsenden mit Hilfe des seitlichen Medizinballwurfs in spielerischen Trainings- und Wettkampfformen durch unterschiedlich schwere Medizinbälle (1 – 4 kg) progressiv sowie individuell steigern *(Prinzip der progressiven Belastungssteigerung und Prinzip der individuellen*

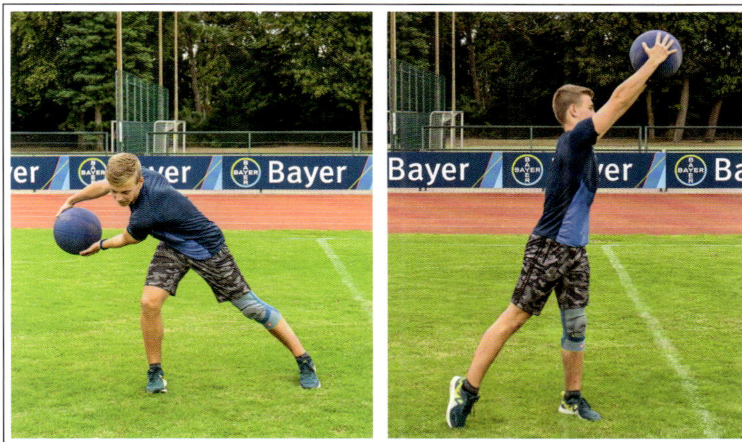

a) Seitlicher Medizinballwurf: Ausgangs- und Abwurfposition

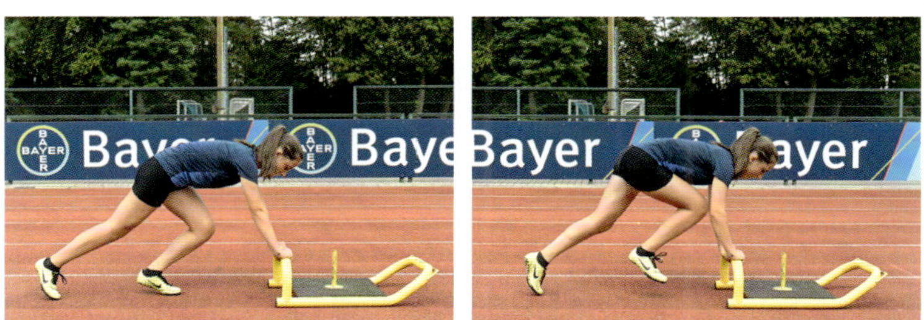

b) Schlittenschieben: Schrittposition und Position mit abgehobenem Schwungbein

Abb. 2: Übungen im Rahmen des Funktionellen Trainings

Belastungssteuerung). Besonders geeignet sind Zielwurf-Wettkämpfe, bei denen die Athleten mit dem seitlichen Medizinballwurf möglichst nah an das Ziel heranwerfen sollen.

Schlittenschieben

Beispiel Schlittenschieben

Das *Schlittenschieben* (s. Abb. 2b) erfordert einen speziellen Gewicht- oder Sprintschlitten (Push-and-Pull-Weight-Schlitten). Der Sportler steht in der Schrittstellung mit vorgebeugtem Oberkörper vor dem Schlitten und schiebt diesen mit ausgestreckten Armen. Durch das Schlittentraining können gezielt einzelne oder mehrere Muskelgruppen angesteuert werden *(Prinzip der gezielten Ansteuerung einzelner oder mehrerer Muskelgruppen)*. Des Weiteren lässt sich das Schlittengewicht durch Zusatzgewichte individuell erhöhen *(Prinzip der progressiven Belastungssteigerung und Prinzip der individuellen Belastungssteuerung)*. Das Schlittenschieben gewährleistet den hohen Transfer zum leichtathletischen Sprint und Sprintstart, da die aufgewendeten Muskelkräfte vornehmlich horizontal wirken *(Prinzip des sportartspezifischen Belastungs- oder Bewegungsmusters)*. Die Einbindung des Gewicht- oder Sprintschlittens in das leichtathletische Sprinttraining fördert die Sprintleistung effektiver als das Sprinten ohne Widerstand oder das traditionelle Krafttraining (Cahill et al., 2019).

Staffelspiele

Im Rahmen der Kinder- und Jugendleichtathletik lässt sich der Gewicht- oder Sprintschlitten dann spielerisch und gefahrlos in Staffelspielen einsetzen, wenn das Schlittengewicht den individuellen körperlichen Voraussetzungen der Sportler entspricht (z. B. Zusatzgewichte: max. 20 kg, Gesamtgewicht des Schlittens: max. 40 kg). In den Staffelspielen muss die Mannschaft den Gewicht- oder Sprintschlitten über eine bestimmte Strecke schieben (z. B. 100 m). Wie häufig der Anschieber getauscht wird, entscheidet die Mannschaft, jedoch darf jeweils nur ein Athlet den Schlitten schieben.

Vorteile des Funktionellen Trainings

Ein weiterer bedeutsamer *Vorteil* des *Funktionellen Trainings* liegt in den geringen materiellen Anforderungen begründet. In der *Kinder- und Jugendleichtathletik* erfordern funktionelle Übungen vielfach keine oder nur leichte, mobile Trainingsgeräte. Zur Durchführung des *seitlichen Medizinballwurfs* (s. Abb. 2a) werden lediglich unterschiedlich schwere Medizinbälle benötigt (1–4 kg). Des Weiteren eignen sich folgende leichte, mobile Trainingsgeräte für das funktionelle Training: Kurzhanteln, Kettel Bells, Keulen, Schlingentrainer, Widerstandsbänder, Mini-Bänder, Gymnastikbälle, Medizinbälle, Balance-Halbball und Gymnastikbänder. Diese Trainingsgeräte können einzeln oder kombiniert eingesetzt werden, um nach den oben angeführten vier Trainingsprinzipien abwechslungsreiche funktionelle Übungen zu konzipieren. Für das funktionelle Training im *Jugend- und Erwachsenenbereich* können ebenso schwere, mobile oder stationäre Trainingsgeräte verwendet werden, wie Langhanteln, Racks, Sprintschlitten (zum Schieben oder Ziehen), Sandsäcke, Klimmzugstangen, Sprungkästen und Kabelzüge.

1.4 Biomechanische Prinzipien

Grenzwissenschaft zwischen Biologie und Physik

Alltägliche und sporttypische Bewegungen unterliegen grundsätzlich den spezifischen Gesetzmäßigkeiten der Biomechanik. Als Grenzwissenschaft zwischen der Biologie und der Physik beschäftigt sich die *Biomechanik des Sports* mit der Beschreibung, der Analyse und der Erklärung der physikalischen, biologischen und strukturellen Grundlagen sporttypischer Bewegungen. In den Blick genommen werden die mechanische Belastbarkeit von Knochen, Muskeln und Sehnen, die Reduktion der körperlichen Beanspruchung, die Defizite und die Prognose sporttypischer Leistungen sowie die Materialverbesserung bei Sportgeräten und Sportschuhen. Sportpraktiker schätzen sowohl die objektiven biomechanischen (Sofort)Informationen zur Bestimmung und Erklärung der biomechanischen Einflussfaktoren sporttypischer Fertigkeiten als auch die biomechanische Theoriebildung sowie die computergestützten Modellierungen hinsichtlich der Bewertung der physikalisch-biomechanischen Zweckmäßigkeit sporttypischer Bewegungsabläufe.

In der *Leichtathletik* erfahren *biomechanische Kenntnisse* einen zunehmenden Einfluss. Für Trainer und Lehrer von besonderem Interesse sind die von Hochmuth (1982) veröffentlichten biomechanischen Prinzipien zur zweckmäßigen Verbesserung sporttypischer Fertigkeiten. Biomechanische Prinzipien erlauben „anhand des zeitlichen Verlaufs mechanischer Parameter eine entsprechende Bewertung des Bewegungsverlaufs“ (Baumann, 1989, S. 98). Die wesentlichen Zielsetzungen biomechanischer Prinzipien betreffen die Erklärung und die Optimierung disziplinspezifischer Bewegungsabläufe, die Ökonomisierung sowie die Leistungssteigerung der Muskelarbeit und die Minimierung der Beanspruchung des Bewegungsapparats (Wollny, 2022).

Für das leichtathletische Training sind die nachfolgend aufgeführten fünf biomechanischen Prinzipien von Hochmuth (1982) von besonde-

Biomechanische Prinzipien von Hochmuth (1982)

rem Interesse. Das Prinzip der Impulserhaltung von Hochmuth (1982) ist für die Leichtathletik weniger bedeutsam, da dieses Prinzip vorrangig für Drehbewegungen im freien Flug (Fall) um eine Drehachse unter Einwirkung der Schwerkraft relevant ist (z. B. Salto vorwärts, Biellmann-Pirouette).

1. Prinzip des optimalen Beschleunigungswegs
2. Prinzip der optimalen Tendenz im Beschleunigungsverlauf
3. Prinzip der Anfangskraft
4. Prinzip der zeitlichen Koordination von Teilimpulsen
5. Prinzip der Gegenwirkung

Allgemeingültigkeit biomechanischer Prinzipien

Die von Hochmuth (1982) favorisierte Allgemeingültigkeit biomechanischer Prinzipien ist in der Sportwissenschaft nicht unumstritten. Kritisch diskutiert werden die Prinzipien der zeitlichen Koordination von Teilimpulsen und der Gegenwirkung, welche die biologischen Eigenschaften der menschlichen Bewegung aussparen (z. B. Freiheitsgrade der Körpergelenke, Beschaffenheit der Knochen, Muskeln, Bänder und Sehnen). Des Weiteren begrenzen nach Baumann (1989) sportartbezogene Besonderheiten die Allgemeingültigkeit biomechanischer Prinzipien. Insgesamt sind die biomechanischen Prinzipien „bei kritischer Anwendung hilfreiche Leitlinien bei der Beurteilung sportlicher Techniken, Prinzipien im strengen Sinne allgemeingültiger Grundsätze sind es nicht“ (Baumann, 1989, S. 98). Nach derzeitigem Kenntnisstand gelten die biomechanischen Prinzipien von Hochmuth (1982) für strukturverwandte Bewegungsabläufe mit gleicher oder ähnlicher Zielstellung wie die von starren Widerlagern ausgeführten leichtathletischen Sprünge oder Abwürfe beim Schlagball- und Speerwurf.

Die für das Leichtathletiktraining bedeutsamen biomechanischen Prinzipien von Hochmuth (1982) werden in den nachfolgenden fünf Abschnitten einzeln erläutert. Vorgestellt werden zunächst die jeweils zugrunde liegende spezifische mechanische Gesetzmäßigkeit und die physikalischen oder biologischen Voraussetzungen. Anschließend wird für ausgewählte leichtathletische Sprung-, Wurf- und Stoßfertigkeiten aufgezeigt, wie die Technikoptimierung, die muskuläre Ökonomisierung und die Minimierung der Beanspruchung des Bewegungsapparats durch die Berücksichtigung der biomechanischen Prinzipien unterstützt werden kann (Überblick: Willimczik, 1998; Wollny, 2022). Weitere differenzierte Hinweise zur rationalen Nutzung der biomechanischen Prinzipien von Hochmuth (1982) bei leichtathletischen Fertigkeiten findet der interessierte Leser in der Reihe *Leichtathletik in Schule und Verein* in den disziplinspezifischen Einzelkapiteln der Bände Laufen (Bd. 1), *Springen* (Bd. 2) und *Werfen und Stoßen* (Bd. 3).

1. Prinzip des optimalen Beschleunigungswegs

Das Prinzip des optimalen Beschleunigungswegs – räumliche Länge und geometrische Struktur – gilt bei sportlichen Bewegungen, die eine hohe Endgeschwindigkeit erfordern und keinen Einschränkungen hinsichtlich des Beschleunigungswegs unterliegen. Bei Sprungbewegungen konkurrieren hinsichtlich der Gestaltung der räumlichen Länge des Beschleunigungswegs (Ausholphase) generell physikalische und leistungslimitierende biologische Einflussfaktoren miteinander (z. B. Hebel- und Kraftverhältnisse, Freiheitsgrade der Gelenke). Unter physikalischen Gesichtspunkten kann die möglichst hohe Abfluggeschwindigkeit zwar durch die maximale Körperabsenkung entgegen der Hauptbewegungsrichtung erzielt werden. „Je länger die Zeit ist, während der die Kraft auf den Körper des Sportlers wirkt, desto größer wird der Kraftstoß, der dem Körper einen möglichst großen Impuls übermittelt" (Wollny 2022, S. 329).

Beispiele

Bei Vertikalsprüngen wirkt die in der Ausholphase weitläufig gestaltete „tiefe" Hockstellung aufgrund individueller muskelphysiologischer Gegebenheiten und nicht zweckmäßiger Hebelverhältnisse jedoch negativ auf die Endgeschwindigkeit. Die größere Sprunghöhe wird durch die „mittlere" Hockstellung erzielt (Wollny, 2022).

Weitspringen
Dreisprung
Hochspringen

Beim *Weitspringen* oder *Dreisprung* sollte der Anlauf im Hinblick auf die Gestaltung des geometrischen Verlaufs der Bewegungsbeschleunigung geradlinig (linear, s. Bd. 2, Kap. 3 u. 4) und beim *Hochspringen (Flop-Technik)* bogen(kurven)förmig erfolgen (s. Bd. 2, Kap. 5).

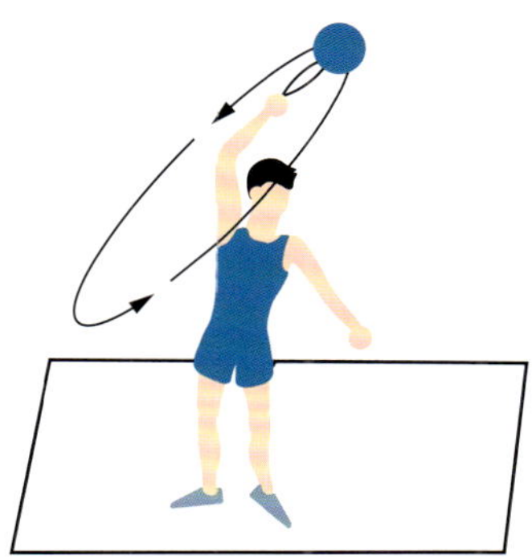

Abb. 3: Prinzip des optimalen Beschleunigungswegs. Stetig gekrümmter Beschleunigungsweg beim Schleuderballwerfen

Beim *Diskuswerfen* und *Schleuderballwerfen* ermöglichen zusätzliche einleitende Drehbewegungen zwar die Verlängerung des Beschleunigungswegs und die Steigerung der Endgeschwindigkeit beim Abwurf der Sportgeräte. Bei Sportlern mit konditionellen und (oder) koordinativen Defiziten führt die Verlängerung des Beschleunigungswegs jedoch zur Verringerung der Endgeschwindigkeit. Der geometrische Verlauf der Bewegungsbeschleunigung sollte bei der Angleit- oder Wechselschritttechnik beim *Kugelstoßen* geradlinig (Translation, s. Kap. 6) und beim *Diskuswerfen* sowie *Schleuderballwerfen* gekrümmt sein (Rotation, s. Abb. 3 u. Kap. 5 u. 6). **Beispiele** **Diskuswerfen** **Kugelstoßen**

2. Prinzip der optimalen Tendenz im Beschleunigungsverlauf

Das Prinzip der optimalen Tendenz im Beschleunigungsverlauf differenziert bei Fertigkeiten mit hoher Endgeschwindigkeit das Prinzip des optimalen Beschleunigungswegs hinsichtlich der spezifischen Struktur des Beschleunigungs-Zeit-Verlaufs. In den *Wurfdisziplinen* und *Stoßdisziplinen* muss der Sportler – unter Beachtung physikalischer Gesichtspunkte – die größten Beschleunigungskräfte im letzten Bewegungsdrittel realisieren, um die maximale Endgeschwindigkeit der Sportgeräte und die größte Weite zu erzielen (s. Bd. 3, Kap. 3–6). **Wurfdisziplinen und Stoßdisziplinen**

3. Prinzip der Anfangskraft

Das Prinzip der Anfangskraft spielt bei leichtathletischen Fertigkeiten mit einleitender Auftaktbewegung (Ausholphase) und maximaler Endgeschwindigkeit des Körpers (Körperteils, Sportgeräts) eine zentrale Rolle. Bei *Sprungbewegungen* entsteht zum Zeitpunkt der Bewegungsumkehr des Körperschwerpunkts (Massenmittelpunkt des Körpers) durch die Abbremsung der kurzen, einleitenden Beugebewegung entgegen der Hauptbewegungsrichtung eine positive Anfangskraft, die den Kraftstoß der nachfolgenden Streckbewegung vergrößert und die zusätzliche Beschleunigung des Körpers (Sportgeräts) bedingt. **Sprungbewegungen**

Beim *Weitspringen* und *Hochspringen* dient die Beugebewegung der unteren Extremitäten in der Auftaktbewegung unter muskelphysiologischen Gesichtspunkten der Vordehnung der Streckmuskulatur. Die hierdurch erzeugte Energie wird in den elastischen Anteilen der Beinmuskulatur gespeichert und in der Streckbewegung zusätzlich zur vertikalen Beschleunigung des Körpers genutzt (Wollny, 2022). Beim *Hochspringen* wirkt sich das übertriebene, „zu kräftige in die Kniegehen" negativ auf die Sprunghöhe aus. Führt der Sportler die Auftaktbewegung zu langsam aus, hat die Anfangskraft keinen messbaren Effekt. **Beispiele** **Weitspringen** **Hochspringen**

Die maximale Sprunghöhe kann der Sportler nur durch die optimale Gestaltung des individuellen Verhältnisses von Brems- und Beschleunigungsstoß realisieren. Bei Vertikalsprüngen sollte das 1:3-Verhältnis von Bremsstoß zu Beschleunigungsstoß beachtet werden.

4. Prinzip der zeitlichen Koordination von Teilimpulsen

Stoß-, Wurf- und Sprungbewegungen

Leichtathletische Techniken kennzeichnet die überaus komplexe zeitliche, dynamische und räumliche Koordinierung der Teilbewegungen. Insbesondere Bewegungsabläufe mit hoher Endgeschwindigkeit des Körpers (Körperteils, Sportgeräts) erfordern die optimale zeitliche Hintereinanderschaltung der Einzelaktionen der beteiligten Skelettmuskeln (Teilimpulse). Bei Stoß-, Wurf- und Sprungbewegungen kann die Endgeschwindigkeit durch die Hintereinanderschaltung mehrerer Einzelimpulse dann erhöht werden, wenn durch die Abbremsung eines Körperteils dessen Teilimpuls auf ein anderes Körperteil übertragen wird und die Beschleunigungsmaxima der einzelnen Körperteile zeitlich nacheinander auftreten.

Beispiele

Kugelstoßen

Speerwerfen

Beim *Kugelstoßen* wird das Sportgerät durch die optimale Koordination der zeitlich aufeinander folgenden Teilbewegungen – einleitende Beinstreckung, nachfolgende Oberkörperaufrichtung und abschließende Schwungbewegung des Stoßarms und der Stoßhand – effektiv beschleunigt (s. Kap. 6). Beim *Speerwerfen* verringert sich durch den Bodenkontakt des Stemmbeins der Impuls des Stemmbeins und der Hüfte (s. Abb. 4). Hierdurch erhält der Oberkörper einen zusätzlichen

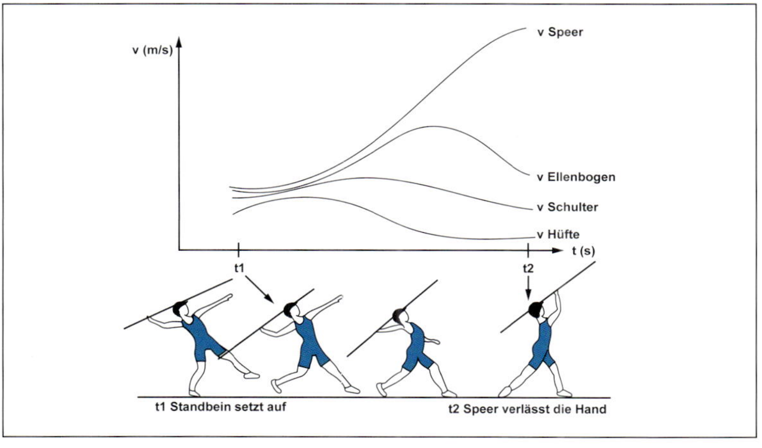

Abb. 4: Impulsübertragungen beim Speerwerfen durch Abbremsen von Körperteilen (mod. nach Dober, 2023)

Impuls. Die anschließende Oberkörperabbremsung bewirkt die Impulsübertragung auf den Wurfarm und den Speer. Die *Wurfweite* wird aber nur dann verbessert, wenn der Speerwerfer die Steigerung der Anlaufgeschwindigkeit optimal in die nachfolgenden Bewegungsabschnitte „einbauen“ kann (Hertz, 2013, s. Kap. 4).

Beispiel

Hochspringen

Beim *Hochspringen* kann die Sprunghöhe durch die Kraftwirkung des Sprungbeins und den zeitlich koordinierten Schwungbeineinsatz sowie Armeinsatz beeinflusst werden. Fixiert der Springer beim Absprung den aufwärts gerichteten Armschwung kurzzeitig vor der Körperstreckung, überträgt sich der Kraftimpuls der Arme auf den Oberkörper und unterstützt den Absprungkraftimpuls. Die größte Endgeschwindigkeit wird dann erzielt, wenn der Beschleunigungsstoß des Armschwungs zeitlich vor der Beinstreckung liegt und die Beschleunigungsmaxima der Teilbewegungen zeitlich aufeinander folgen (Wollny, 2022; s. Bd. 2, Kap. 5).

5. Prinzip der Gegenwirkung

Bei Sprungbewegungen löst jede Körperteilbewegung während der Flugphase nach dem Prinzip der Gegenwirkung – das auf dem 3. newtonschen Gesetz „actio et reactio“ basiert – eine bestimmte Gegenbewegung anderer Körperteile aus, so dass einzelne Körperteile in günstige, leistungsmaximierende Positionen gebracht werden können.

Beispiele

Weitspringen
Dreisprung

Beim *Weitspringen* und *Dreisprung* spielt das Prinzip der Gegenwirkung während der Flugphase die zentrale Rolle, da der Körper des Sportlers keine direkte Reaktion in der Umwelt findet. Führt der Sport-

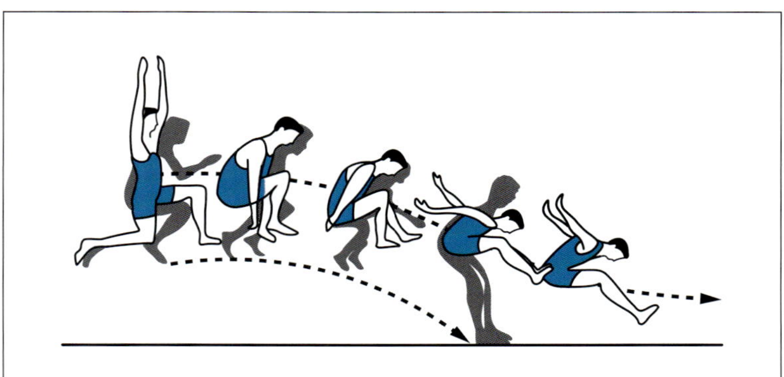

Abb. 5: Prinzip der Gegenwirkung beim Weitspringen (mod. nach Hochmuth, 1982, S. 185)

ler die Beine durch die „Klappbewegung" in der Luft nach vorn, löst die Beinbewegung automatisch die Oberkörperbeugung nach vorn aus (s. Abb. 5). Umgekehrt bedingt die Oberkörpervorbeugung die Beinstreckung nach vorn. Durch beide Aktionen erreicht der Springer die größte Sprungweite und die optimale Landeanflughaltung (s. Kap. 3 u. 4).

Hürdensprinten

Beim *Hürdensprinten* bedingt die Abwärtsbewegung des Schwungbeins zum Boden (während der Flugphase) zwangsläufig die Oberkörperaufrichtung (s. Bd. 1, Kap. 6).

1.5 Leistungskontrolle – Sportmotorische Test- und Diagnoseverfahren

Das zielgerichtete Leichtathletiktraining verlangt nicht nur im Bereich des Leistungssports, sondern ebenfalls bei Nachwuchssportlern und Schülern die kontinuierliche Kontrolle der disziplinspezifischen Bewegungsabläufe und der Ausprägung der sportmotorischen Fähigkeiten. Zur Analyse der biologischen und biomechanischen Eigenschaften sporttypischer Techniken vertrauen Sportwissenschaftler und Sportpraktiker *biomechanischen Messverfahren*. Die präzise Bestimmung der kinematischen, kinetischen und elektrophysiologischen Kenngrößen (Oberflächenelektromyogramm) leichtathletischer Bewegungsabläufe erfordert jedoch einen hohen apparativen Messaufwand und unterliegt zahlreichen methodischen Beschränkungen (Laborbedingungen). Für die *praxis- und wettkampfnahe Analyse* sportmotorischer Fähigkeiten und leichtathletischer Fertigkeiten eignen sich die in der Sportwissenschaft allgemein akzeptierten mit geringem Zeit- sowie Geräteaufwand realisierbaren *sportmotorischen Test- und Diagnoseverfahren*. In der Leichtathletik nutzen Trainer und Sportlehrer sogenannte *Sportmotorische Tests* zur Bestimmung, Erklärung und Bewertung des individuellen Ausprägungsgrades der sportmotorischen Fähigkeiten sowie der disziplinspezifischen Fertigkeiten (Wiemeyer & Wollny, 2017; 2023).

Sportmotorischer Test

Gütekriterien Sportmotorischer Tests

Sportmotorische Tests müssen sowohl den drei klassischen Hauptgütekriterien – *Objektivität* (Konstanthaltungsgrad der Messwerte gegenüber störenden Einflüssen), *Reliabilität* (Genauigkeitsgrad der Messung der Motorikmerkmale) und *Validität* (Gültigkeitsgrad, inwieweit der Test das Motorikmerkmal inhaltlich misst, welches gemessen werden soll) – als auch verschiedenen Nebengütekriterien entsprechen (z. B. Ökonomie, Nützlichkeit, Vergleichbarkeit, Überblick: Höner & Roth, 2002).

Cooper-Test **Balancieren rückwärts** **Standweitsprungtest**

Roth (2002) unterscheidet im Hinblick auf die differenzierte Analyse sportmotorischer Fähigkeiten und Fertigkeiten zwischen der Einzel- und Komplexdiagnostik. Die *Einzeldiagnostik* dient der „Evaluation jeweils einer spezifischen Fertigkeit oder einer allgemeinen motorischen Fähigkeit“ (Roth, 2002, S. 110). Die im *Cooper-Test* (12-Minuten-Lauf) zurückgelegte Wegstrecke ermöglicht verlässliche Rückschlüsse auf die aerobe Ausdauerfähigkeit und das *Balancieren rückwärts* auf das Niveau der Koordinationsfähigkeit unter Präzisionsdruck (s. Band 1, Kap. 1). Im *Standweitsprungtest* dient die gemessene Sprungweite der Bestimmung der horizontalen Sprungkraftfähigkeit (s. Abb. 6).

Standweitsprung

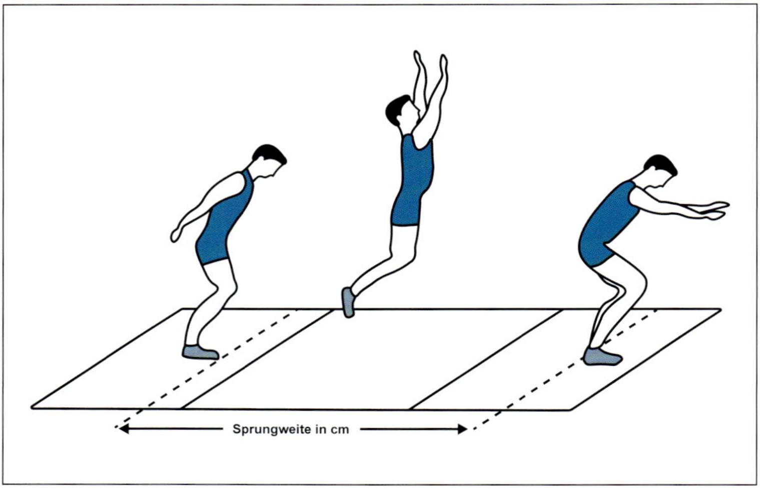

Abb. 6: Sportmotorischer Test „Standweitsprung“ (mod. nach Bös & Tittlbach, 2001, S. 142-143)

Komplexdiagnostik

Die *Komplexdiagnostik* zur Untersuchung komplexer sportmotorischer Fähigkeits- oder Fertigkeitssysteme bedient sich entweder *heterogener Testbatterien* oder *Testprofilen mit mehrdimensionalen Bewegungsaufgaben*. „Untersucht werden z. B. die Gesamtheit der Ausdauer- oder Kraftfähigkeiten, die spezifischen motorischen Anforderungen des Basketballspiels oder die motorische Fitness“ (Roth, 2002, S. 110-111). Bei *heterogenen Testbatterien* mit mehreren unabhängigen Bewegungsaufgaben wird auf der Basis des Mittelwerts der standardisierten Einzeldaten (z-Werte) ein Bewertungsmaß für die motorische Leistungsfähigkeit gebildet. Demgegenüber werden bei Testprofilen die Resultate der voneinander unabhängigen Einzeltests nicht miteinander verrechnet, sondern als grafische Leistungskurven veranschaulicht (s. Abb. 7, Überblick: Roth, 2002).

Für die Kinder- und Jugendleichtathletik geeignete sportmotorische Test- und Diagnoseverfahren gliedert Bös (2017) nach vier Kategorien:

Kategorien Sportmotorischer Testverfahren

- ***Konditionstest.*** Analyse der vornehmlich energetisch determinierten Ausdauer-, Kraft- und Schnelligkeitsfähigkeiten
- ***Koordinationstest.*** Analyse spezifischer Aspekte der motorischen Koordinationsfähigkeit (z. B. Zeitdruck, Präzisionsdruck)
- ***Fitnesstest.*** Untersuchung komplexer Verbindungen der fünf motorischen Basisfähigkeiten (s. Bd. 1, Kap. 1)
- ***Entwicklungstest.*** Diagnose des aktuellen Entwicklungsniveaus oder der individuellen motorischen Entwicklungsverläufe und Entwicklungspotenziale im Vergleich zu ausgewählten Bezugssystemen (z. B. Altersgruppe)

Konditions- und Fitnesstests

Zu den in der Sportwissenschaft anerkannten *Konditions-* und *Fitnesstests* zählen der *Kinderturn-Test* (3.–10. Lebensjahr, Bappert et al., 2006), der *Dordel-Koch-Test* (6.–16. Lebensjahr, Jouck, 2007) und der im nachfolgenden Abschnitt ausführlicher dargestellte *Deutsche Motorik-Test 6-18* (6.–18. Lebensjahr, Bös et al., 2009). Die weltweit am häufigsten eingesetzten *Entwicklungs-* und *Koordinationstests* zur Basisdiagnostik der sportmotorischen Fähigkeiten von Kindern und Jugendlichen betreffen den *Bot-2-Test* (Bruininks-Oseretzky Test der motorischen Fähigkeiten, Bruininks und Bruininks, 2005) und den *M-ABC-2-Test* (Movement Assessment Battery for Children, Petermann, Bös & Kastner, 2008).

Schulsport

Für den *Schulsport* bieten sportmotorische Test- und Diagnoseverfahren zum einen die Möglichkeit, den individuellen motorischen Leistungsstand der Kinder und Jugendlichen zu Beginn des Schuljahres, am Ende spezieller Unterrichtsreihen oder bei Lehrerwechsel zu bewerten. Zum anderen kann der Lehrer sportmotorische Tests zur Ermittlung des motorischen Entwicklungsstands, zur Evaluation des Curriculums oder zur Motivation der Schüler einsetzen. Für das *Nachwuchstraining in der Leichtathletik* eignen sich sportmotorische Tests zur Erfassung und Bewertung des motorischen Ist-Zustandes, der Leistungsveränderung oder der Effizienz bestimmter Lehr- und Trainingsverfahren (Neumaier, 1983).

Nachwuchstraining

Deutscher Motorik-Test 6-18 (DMT 6-18)

Ein aussagekräftiges Testprofil zur Abschätzung der komplexen Verbindung der motorischen Basisfähigkeiten bei Kindern und Jugendlichen stellt der im Jahr 2006 durch die Anfrage der Sportministerkonferenz an die Deutsche Vereinigung für Sportwissenschaft (dvs) initiiert, von Bös et al. (2009, dvs-ad-hoc-Ausschuss) entwickelte und seit mehr als zehn Jahren in Deutschland verwendete *Deutsche Motorik-Test 6-18* dar (s. Tab. 1). Identische Testverfahren stellen der *Kinderturn-Test^{Plus}* (Kinderturnstiftung Baden-Württemberg) und der *Motorische Test (MT 1) Nordrhein-Westfalen* dar.

Deutscher Motorik-Test 6-18

Der *Deutsche Motorik-Test 6-18* dient der standardisierten Messung und differenzierten Bewertung des Niveaus der allgemeinen motorischen Leistungsfähigkeit von Heranwachsenden (6.–18. Lebensjahr, ♀, ♂). Das in der Schul- und Sportpraxis bewährte Testprofil besteht aus acht Bewegungsaufgaben, deren Lösung einfache motorische Fertigkeiten voraussetzen (z. B. Laufen, Balancieren rückwärts, Liegestütz). Quantitativ analysiert werden fünf *motorische Fähigkeitsdimensionen*: Ausdauerfähigkeit, Kraftfähigkeit, Koordination unter Zeitdruck, Koordination unter Präzisionsdruck und Beweglichkeitsfähigkeit (s. Bd. 1, Kap. 1, Abb. 7). Darüber hinaus werden die Körpergröße und das Körpergewicht zur Berechnung des *Body Mass Index* erfasst, um die Konstitution der Testpersonen anhand von drei Unterkategorien zu bewerten (normal-, unter-, übergewichtig).

Standardisierte Messung allgemeiner motorischer Leistungsfähigkeiten

Der *Deutsche Motorik-Test 6-18* kann mittels des Testmanuals, der käuflich zu erwerbenden Testtasche (Balancierstangen, Startbrett, Vorrichtung für Rumpfbeuge, Personenwaage, Testbögen, Auswertungssoftware; www.mobile-biomechanische-messsysteme.de) oder selbstgefertigter Testgeräte nach kurzer Testleiterschulung hochstandardisiert durchgeführt werden (Testdauer: ca. 90 min). Die Testauswertung erfolgt manuell oder durch die kostenlose, internetbasierte Auswertungssoftware. Die vorgesehenen Individual- und Gruppenauswertungen orientieren sich an alters- sowie geschlechtsspezifischen Normtabellen mit hoher Repräsentativität (online-Präsenz: www.deutscher-motorik-test.de).

Testmanual

Testmaterial

Normtabellen

Die differenzierte Analyse der motorischen Stärken und Schwächen von Kindern und Jugendlichen in den fünf motorischen Fähigkeitsdimensionen des Deutschen Motorik-Tests 6-18 basiert zum einen auf den Einzelresultaten der acht Einzeltests. Zum anderen werden für die erste Bewertung der allgemeinen motorischen Leistungsfähigkeit und den Vergleich der individuellen motorischen Leistungsfähigkeit mit alters- sowie geschlechtsspezifischen Normwerten zunächst die z-Werte der einzelnen Fähigkeitsleistungen (außer Beweglichkeit) auf der Basis der nach Alter und Geschlecht differenzierten Auswertungs-

Analyse motorischer Stärken und Schwächen

tabellen ermittelt. Anschließend werden diese zu einem Gesamtwert addiert und durch die einbezogenen sieben Sub-Tests dividiert. Die Klassifikation des berechneten Mittelwerts erfolgt anhand von fünf Leistungskategorien (s. Tab. 1, rechte Seite; Bös et al. 2009).

Grafisches Leistungsprofil

Darüber hinaus kann für jede Testperson auf der Grundlage der erfassten motorischen Fähigkeitsdimensionen ein grafisches Leistungsprofil erstellt werden, welches die motorischen Stärken und Schwächen beschreibt sowie die Zuordnung zu vier prototypenhaften Testprofilen ermöglicht (Bös et al., 2009).

Testprofil A Dimensionsresultate: Durchschnittlich oder besser

Testprofil B Dimensionsresultate: Durchschnittlich

Testprofil C Dimensionsresultate: Durchschnittlich oder schlechter

Testprofil D Dimensionsresultate: Streuen von überdurchschnittlich bis unterdurchschnittlich

Tab. 1: Testaufgaben des Deutschen Motorik-Tests 6-18 (DTM 6-18) (mod. nach Bös, et al., 2009, S. 27)

<table>
<tr><th colspan="2" rowspan="2">Aufgabenstruktur</th><th colspan="5">Struktur motorischer Fähigkeiten</th></tr>
<tr><th>Ausdauer
aeA</th><th>Kraft
KA SK</th><th>Schnelligkeit
AS</th><th>Beweglichkeit
RB</th><th>Koordination
KZ KP</th></tr>
<tr><td rowspan="2">Lokomotions-bewegungen</td><td>Gegen Laufen</td><td>6 min</td><td></td><td>20 m</td><td></td><td>Bal rw</td></tr>
<tr><td>Springen</td><td></td><td>SW</td><td></td><td></td><td>sHH</td></tr>
<tr><td rowspan="2">Teilkörper-bewegung</td><td>Arme</td><td></td><td>LS</td><td></td><td></td><td></td></tr>
<tr><td>Rumpf</td><td></td><td>SU</td><td></td><td>RB</td><td></td></tr>
</table>

<table>
<tr><td colspan="4">Motorische Fähigkeiten</td></tr>
<tr><td>aeA</td><td>Aerobe Ausdauerfähigkeit</td><td>KZ</td><td>Koordination unter Zeitdruck</td></tr>
<tr><td>AS</td><td>Aktionsschnelligkeitsfähigkeit</td><td>RB</td><td>Rumpfbeweglichkeitsfähigkeit</td></tr>
<tr><td>KA</td><td>Kraftausdauerfähigkeit</td><td>SK</td><td>Schnellkraftfähigkeit</td></tr>
<tr><td>KP</td><td>Koordination unter Präzisionsdruck</td><td></td><td></td></tr>
<tr><td colspan="4">Einzelaufgaben</td></tr>
<tr><td>6-min</td><td>6-Minuten-Lauf</td><td>RB</td><td>Rumpfbeugen</td></tr>
<tr><td>20 m</td><td>20-Meter-Sprint</td><td>sHH</td><td>Seitliches Hin- und Herspringen</td></tr>
<tr><td>Bal rw</td><td>Balancieren rückwärts</td><td>SU</td><td>Sit-ups in 40 sec</td></tr>
<tr><td>LS</td><td>Liegestütz in 40 sec</td><td>SW</td><td>Standweitsprung</td></tr>
</table>

Das grafische Leistungsprofil berücksichtigt neben den Fähigkeitsdimensionen *Ausdauer* (6-Minuten-Lauf), *Koordination unter Zeitdruck* (seitliches Hin- und Herspringen), *Koordination unter Präzisionsdruck* (Balancieren rückwärts) und *Beweglichkeit* (Rumpfbeugen), die Berechnung des Dimensionswerts *Kraftfähigkeit* anhand des arithmetischen Mittels der z-Werte folgender vier Testaufgaben: 20-m-Sprint, Sit-ups, Liegestütz und Standweitsprung. Die Einordnung der Testergebnisse der fünf erfassten Fähigkeitsdimensionen orientiert sich an den in Tabelle 1 angeführten Leistungskategorien (Bös et al., 2009). Abbildung 7 zeigt für einen achtjährigen Jungen das „Testprofil D", bei dem die Testresultate in auffälliger Weise zwischen „überdurchschnittlich und „unterdurchschnittlich" streuen. Im Einzelnen bestehen große sportmotorische Stärken für die Kraft- und Ausdauerfähigkeit, während die Koordination unter Präzisionsdruck durchschnittlich ausgeprägt ist und die Koordination unter Zeitdruck sowie die Beweglichkeitsfähigkeit große Leistungsdefizite aufweisen (Bös et al., 2009).

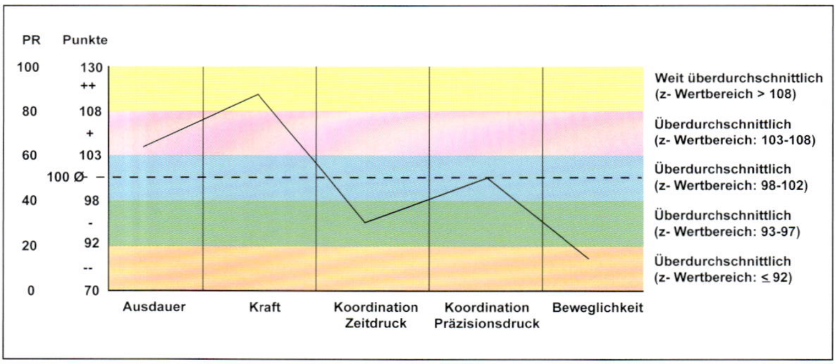

Abb. 7: Beispiel „Testprofil D" (mod. nach Bös et al., 2009, S. 63)

Zusammenfassung

Zusammenfassend eignet sich der Deutsche Motorik-Test 6-18 für den Schul- und Vereinssport zur verlässlichen Analyse

- des motorischen Leistungsstands von Heranwachsenden (z. B. Screening, Eingangsdiagnose, gesundheitliche Defizite)der individuellen motorischen Stärken und Schwächen
- der sportmotorischen Leistungsveränderungen (z. B. Entwicklungsverlauf, Interventionsprüfung)
- der Unterschiede zwischen Geschlechtern und Altersgruppen
- der Effektivität von Unterrichts- und Trainingsinterventionen

Wissenswertes zum Werfen und Stoßen

Kapitel 2

Das *Werfen* und das *Stoßen* von Gegenständen zählt – auffälliger als das Laufen und das Springen – zu den ganzkörperlichen Bewegungsabläufen, die neben der Beinkraft im großen Maße ebenso die Oberkörperkraft und die Armkraft erfordern, da zusätzlich zum eigenen Körpergewicht ein Fremdgewicht bewegt (z. B. Speer, Diskus) und das Zusammenspiel des gesamten menschlichen Organismus verlangt wird. Die großen Muskelgruppen der Beine und der Hüfte sorgen sowohl für die Vorbeschleunigung des Körpers des Athleten als auch für dessen Abbremsung vor dem Abwurf des Speers oder dem Abstoß der Kugel. Die Übertragung der muskulären Kraft und des Beschleunigungsimpulses von den unteren Extremitäten über den Rumpf, die obere Extremität, die Hand und abschließend auf das Sportgerät (muskuläre Gliederkette) ist für jede Wurf- und Stoßdisziplin gleichermaßen von Bedeutung.

Muskuläre Gliederkette

Trotz der großen Disziplinvielfalt (s. Kap. 2.1) bestehen für das leichtathletische Werfen und Stoßen sowohl aus biomechanischer als auch methodisch-organisatorischer Hinsicht zahlreiche Gemeinsamkeiten, die zunächst Kapitel 2.2 kennzeichnet. Im Anschluss werden folgende leichtathletische Wurf- und Stoßarten näher betrachtet.

Vielfalt

Wurf- und Stoßdisziplinen

- *Gerader Schlagwurf* als Grundform der leichtathletischen Wurftechniken (Kap. 3)
- *Schlagballwerfen* (Wettkampfform) als erster Kontakt des Anfängers mit einer leichtathletischen Wurfdisziplin (Kap. 3)
- *Speerwerfen* (Kap. 4), *Werfen aus der Drehung* (Schleuderballwerfen, Diskuswerfen, Kap. 5) und *Kugelstoßen* (Kap. 6)

2.1 Wie sieht die Vielfalt des Werfens und Stoßens aus?

Gewicht der Wurf- und Stoßgeräte bestimmt Bewegungsausführung

In Abhängigkeit vom Gerätegewicht lassen sich drei grundlegend verschiedene Bewegungstechniken abgrenzen.

- *Leichte Geräte* – Schlagball oder Speer – werden mit dem Schlagwurf geradlinig über Kopfhöhe abgeworfen.
- *Mittelschwere Geräte* – Schleuderball, Wurfreifen oder Diskus – werden mit dem im Ellbogengelenk gestreckten Arm in Form des seitlichen Schleuderwurfs oder mit dem von unten nach oben geführten Schockwurfs auf einer kreisförmigen Bahn beschleunigt.
- *Schwere Geräte* – Kugel oder Stein – werden vom Oberkörper weggestoßen. Eine Ausnahme bildet der Hammerwurf, der aufgrund des langen Pendels (Stahlseil) geworfen wird.

Mit Blick auf die Leichtathletik und die Ballsportarten finden sich die drei beschriebenen generellen Bewegungstechniken in folgenden spezifischen Wurf- und Stoßarten wieder (Martin, 2003).

Spezielle Wurfarten

- *Beidhandwurf über Kopf* als Vorstufe des Schlagwurfs.
- *Schlagwurf* (Kernwurf) als Grundtechnik der Würfe im Handball und der Aufschläge im Volleyball.
- *Schockwurf*, der von unten nach oben ausgeführt und vorrangig in den Ballsportarten angewendet wird. In der Leichtathletik schult der Schockwurf die technisch korrekte Körperstreckung in den leichtathletischen Würfen.
- *Druckwurf* (ein- oder beidhändig) als Grundtechnik im Basketball. In der Leichtathletik zählt der Druckwurf zu den zentralen Vorübungen der Aneignung des Kugelstoßens.
- *Drehwurf* als Werfen aus der Drehung um die Körperlängsachse. In der Leichtathletik bereitet der Drehwurf das Werfen des Schleuderballs, des Diskus und des Hammers vor.
- *Stoß* als Grundbewegung des Wegstoßens und des Wegdrückens schwerer Gegenstände wird in der Leichtathletik zur Kugelstoßtechnik weiterentwickelt.

Vielfältiges Werfen, Stoßen und Schleudern

Mit unterschiedlichen Geräten Erfahrungen sammeln

Während in den leichtathletischen Wurf- und Stoßdisziplinen der Körper des Sportlers eine hohe Beschleunigung erfährt, die auf das Wurf- oder Stoßgerät übertragen wird, erfordert das Werfen und das Stoßen *vor und neben der Leichtathletik* erlebnisreiche Würfe sowie Stöße über Höhen- oder Weitenorientierer oder auf Ziele. Des Weiteren fördert die *erlebnisreiche Wurf- und Stoßschulung* im Anfängerbereich vielfältige konditionelle und koordinative Bewegungserfahrungen wie schnelles, kraftvolles, aus verschiedenen Positionen heraus entwickeltes Werfen, Stoßen und Schleudern mit unterschiedlichen Gewichten sowie Intentionen (z. B. auf weite oder große Ziele; Eberle, 2010; Fuchser, 2006).

Das Werfen und Stoßen verlangt hinsichtlich der *Übertragung des Beschleunigungsimpulses vom Körper des Sportlers auf das Gerät* die gut ausgeprägte Bewegungskoordination und Oberkörperstabilität. Hierbei spielt die Hüfte eine besondere Rolle, da der Wurf und der Stoß aus den *unteren Extremitäten über die Hüfte* erfolgt. Dies erfordert erlebnisreiche Wurf- und Stoßgelegenheiten mit variantenreichen Wurf- und Stoßgeräten, veränderten Ausgangspositionen, Anlaufrhythmen sowie kleinen Wurfspielen (Oltmanns, 2001a, b; Katzenbogner, 2009; Eberle, 2010).

2.2 Welche Gemeinsamkeiten zeigen das Werfen und Stoßen?

Biomechanische Gemeinsamkeiten

Aus *biomechanischer Sicht* lassen sich die unterschiedlichen Wurf- und Stoßarten in drei typische Bewegungsphasen gliedern.

Vorbeschleunigung

Hauptbeschleunigung

Abbremsen

1. *Vorbereitungsphase* (Vorbeschleunigung). Beschleunigung des Sportlers durch Anlaufen, Andrehen, Anschreiten oder Angleiten.
2. *Hauptphase* (Hauptbeschleunigung). Bewegungsübertragung vom Körper des Sportlers auf das Gerät mit nachfolgendem Abwurf oder Abstoß der Sportgeräte. Markantes *Kennzeichen der Hauptphase* ist die abgestimmte Abfolge des Fuß-, Bein-, Hüft-, Rumpf-, Schulter- und Armeinsatzes sowie der hierdurch bedingte Spannungsaufbau im gesamten Körper des Athleten.
3. *Endphase*. Nach dem Abwurf wird die Restgeschwindigkeit des Sportlers abgebremst und das Übertreten der Abwurfmarkierung verhindert.

Zentrale biomechanische Faktoren

Leichtathletische Wurf- und Stoßleistungen werden durch drei zentrale biomechanische Faktoren beeinflusst: Abflughöhe, Abflugwinkel und Abfluggeschwindigkeit (s. Kap. 1.4).

Abflughöhe

Abflugwinkel

Gesetze der Aerodynamik

Die *Abflughöhe* der Sportgeräte wird maßgeblich durch die Körperhöhe des Sportlers, die optimale Körperstreckung und die hohe Armhaltung beim Abwurf oder Abstoß bestimmt. Nach dem *ballistischen Gesetz des schiefen Wurfs* wird die größte Flugweite bei einem *Abflugwinkel* von 45° erzielt. Mit zunehmender Abflughöhe reduziert sich aber der Abflugwinkel, so dass ab der Körperhöhe von 180 cm um 5° weniger abgeworfen oder abgestoßen werden sollte. Darüber hinaus müssen beim Speerwurf und Diskuswurf die *Gesetze der Aerodynamik* hinsichtlich der Flugeigenschaften der Wurfgeräte beachtet werden, so dass diese Sportgeräte flacher abgeworfen werden (s. Tab. 2).

Tab. 2: Abflugwinkel verschiedener Wurfgeräte und Stoßgeräte

Wurf- und Stoßgeräte	Abflugwinkel
Schlagball	40°
Speer	33° – 35°
Diskus	36° – 38°
Kugel	38° – 41°

Die *Abfluggeschwindigkeit* stellt für die Wurf- und Stoßleistung die zentrale Größe dar, welche durch die muskuläre Kraft, den Beschleunigungsverlauf und die Impulsübertragung bestimmt wird. Voraussetzung für die optimale Übertragung der muskulären Kraft auf das Sportgerät ist der optimale Beschleunigungsweg (s. Kap. 1.4). Die *Höhe der Abfluggeschwindigkeit* stellt das Ergebnis der vorangegangenen Beschleunigung des Sportgeräts dar. Zunächst wird das Gesamtsystem „Werfer-Gerät" durch den Anlauf (Ballwurf, Speerwurf), das Andrehen (Drehwurf, Drehstoß) oder das Anschreiten oder Angleiten (Kugelstoß) beschleunigt *(Anfangsgeschwindigkeit)*. Im Anschluss erfolgt die weitere Beschleunigung des Sportgeräts durch das Abbremsen des Systems „Werfer-Gerät" und die Impulsübertragung von den Beinen über den Rumpf, die Schulter, den Wurf- oder Stoßarm auf das Gerät *(Hauptbeschleunigungsphase)*. Zusammenfassend stellt die *Abfluggeschwindigkeit* die *Summe* aus der *Anfangsgeschwindigkeit* und dem *Geschwindigkeitszuwachs* dar. Je nach Wurf- oder Stoßgerät ist das Verhältnis der beiden Komponenten unterschiedlich. Beispielsweise macht beim *Speerwurf* die Anfangsgeschwindigkeit ein Drittel und beim *Kugelstoß* aufgrund des größeren Gewichts des Sportgeräts lediglich ein Fünftel der Abfluggeschwindigkeit des Sportgeräts aus (Lehmann, 2016). Große Abfluggeschwindigkeiten werden durch die Optimierung beider Komponenten erzielt.

Abfluggeschwindigkeit

Biomechanische Gesetzmäßigkeiten

Eingangsgeschwindigkeit
+
Geschwindigkeitszuwachs
=
Abfluggeschwindigkeit

Weitere biomechanische Gemeinsamkeiten

Weitere *biomechanische Gemeinsamkeiten* bestehen nach Heinicke und Hütcher (2016) hinsichtlich der Wurf- oder Stoßauslage, der Köperverwringung und der kinematischen Kette.

Wurf- und Stoßauslage

Wurf- oder *Stoßauslage*. Im Hinblick auf die verschiedenen Wurf- oder Stoßformen kommt der Abwurf- oder Stoßbewegung und dem langen Beschleunigungsweg eine zentrale Bedeutung zu, um dem Sportgerät eine große Endgeschwindigkeit zu verleihen. Bezogen auf die Bewegungsrichtung befinden sich die Beine und die Füße vor dem Körperschwerpunkt (KSP), das Wurf- oder Stoßgerät mit dem Wurf- oder Stoßarm dahinter und der Fuß des Druckbeins unter dem Körperschwerpunkt (Körperschräglage).

Körperverwringung

Körperverwringung. Würfe und Stöße kennzeichnet gleichermaßen – mit unterschiedlicher Ausprägung – die typische Körperverwringung als Winkeldifferenz zwischen Schulter- und Beckenachse. Hierzu hält der Sportler das Sportgerät bewusst hinter dem Körper, um dessen Trägheit zu nutzen. Das Becken rotiert durch die zielgerichtete Druck- und Stemmbeinarbeit um die Körperlängsachse, so dass die Kraft aus den Beinen auf das Becken über den Rumpf auf den Schultergürtel des Sportlers übertragen wird.

Kinematische Kette

Kinematische Kette. Das Prinzip der kinematischen Kette wird dann erfolgreich umgesetzt, wenn die Auflösung der Körperverwringung zeitlich nacheinander von „unten nach oben" erfolgt. Zunächst beschleunigen die Beinmuskeln die Hüfte. Anschließend sorgt die Oberkörpermuskulatur für die Kraftübertragung auf die Schultermuskulatur und von dort auf die Armmuskeln (s. Kap.1.4).

Biomechanische Unterschiede zwischen Werfen und Stoßen

Neben zahlreichen Gemeinsamkeiten besteht zwischen dem Werfen und dem Stoßen lediglich ein gravierender *Unterschied im Bewegungsablauf*. Das *Werfen* erfolgt aus der *Zugbewegung*, bei dem sich das Wurfgerät sowohl hinter der Schulterachse als auch hinter dem Ellbogengelenk befindet und geschleppt sowie gezogen wird. Demgegenüber wird das *Stoßen* aus der *Druckbewegung* realisiert, indem die Kugel gedrückt und geschoben wird. Das Stoßgerät befindet sich (immer) vor der Hand des Stoßarms und das Ellbogengelenk hinter der Kugel.

Methodik

Gemeinsamkeiten

Vermittlung

„Von der Mitte nach außen"

Aus *methodisch-organisatorischem Blickwinkel* bestehen zwischen den verschiedenen leichtathletischen Wurf- und Stoßarten ebenfalls zahlreiche Gemeinsamkeiten. Für alle Wurf- und Stoßdisziplinen gilt, dass der Anfänger zunächst im Rahmen der *Allgemeinen Wurf- und Stoßschule* mit verschiedenartigen Wurf- sowie Stoßgeräten vielfältige Vorerfahrungen sammelt. Zur Bewegungsvereinfachung und Unterstützung der zentralen Bewegungsziele „Weitwerfen und Weitstoßen" werden die komplexen Wurf- und Stoßbewegungen von der Bewegungsmitte nach außen in Teilabschnitte, sogenannte *Haupt- und Hilfsfunktionsphasen* zergliedert (Göhner, 1975, 1979). Der *Abwurf* und der Abstoß stellt die *funktional unabhängige Hauptfunktionsphase* dar, die bei *optimaler* Wurf- und Stoßauslage zunächst aus dem Stand geschult wird. Anschließend werden die *vorbereitenden* (Anlauf-, Andreh-, Anschreit-, Angleitphase), *unterstützenden* (Teilkörperbewegungen als „Nacheinander der Teilkräfte") und *abschließenden Hilfsfunktionsphasen* (Abfangen, Umspringen) hinzugenommen.

Vermitteln über vielfältiges Werfen und Stoßen

… über die Vielfalt vermitteln

Im Rahmen der Aneignung und der Optimierung des Werfens oder Stoßens (s. Bd. 1, Kap. 1.3) spielen neben vielfältigen Wurf- und Stoßgeräten sowie Intentionen (z. B. kraftvoll, präzise oder weit werfen) unterschiedliche Gerätegewichte eine bedeutsame Rolle. Die Hauptaufgabe des *vielfältigen Werfens und Stoßens* besteht darin, Gelegenheiten und Situationen zu schaffen, in denen Kinder und Jugendliche das Werfen oder Stoßen spielerisch erfahren und entwickeln können. Im Mittelpunkt steht die *fähigkeitsorientierte Fertigkeitsvermittlung*, die im Wesentlichen auf koordinative Übungen zurückgreift (Heinicke & Hütcher, 2016).

- Die *Kopplungsfähigkeit* soll vor allem die Impulskette Füße – Beine – Oberkörper – Arm – Hand sichern.
- Die *Rhythmisierungsfähigkeit* ist besonders beim komplexen Anlauf des Schlagballwurfs und des Speerwurfs bedeutsam.
- Die *Körperstabilität* und das *Gleichgewicht* sind im Rahmen der Drehwürfe für die optimale Abwurfposition von Bedeutung.
- Die *Differenzierungsfähigkeit* wird für die Entwicklung des Gefühls des sinnvollen, effektiven Krafteinsatzes benötigt.

Allgemeine Wurf- und Stoßschule

Wurf- und Stoßschule

Die *Allgemeine Wurf- und Stoßschule* nutzt die Vielzahl der Variationsmöglichkeiten hinsichtlich der Unterschiede der Wurf- und Stoßgeräte, der Ausführungsformen, der Ausführungsmodalitäten sowie der Gerätegewichte (s. Abb. 8).

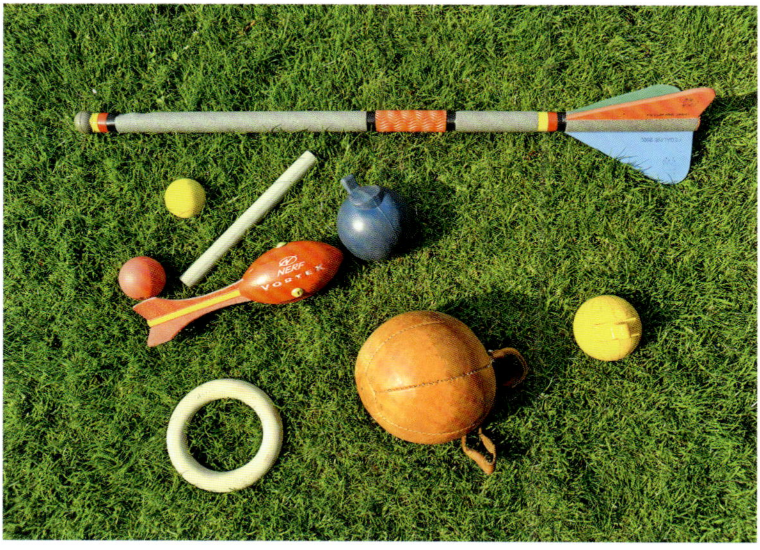

Abb. 8: Alternative Wurfgeräte

Wurf- und Stoßgeräte

Alternative Wurf- und Stoßgeräte

- Schlag-, Wurf-, Schweif-, Nocken- oder Flatterbälle
- Base-, Hockey-, Tennis-, Soft-, Hand- oder Volleybälle
- Wurfstäbe, Wurfringe, Wurfraketen, Keulen oder Indiaca
- Hütchen, Sand- oder Erbsensäckchen
- Wurfreifen, Fahrradreifen, Schleuderbälle oder Frisbeescheiben
- Schneebälle, Steine oder Tannenzapfen
- Medizinbälle (1–5 kg) oder (Hallen)Kugeln (2–5 kg)

Ausführungsformen

- Ein- oder beidarmig
- Von unten, oben oder rückwärts über den Kopf
- Aus der Ruhe (Sitz, Kniestand, Schrittstellung) oder im Sprung (s. Abb. 9 u. 10)

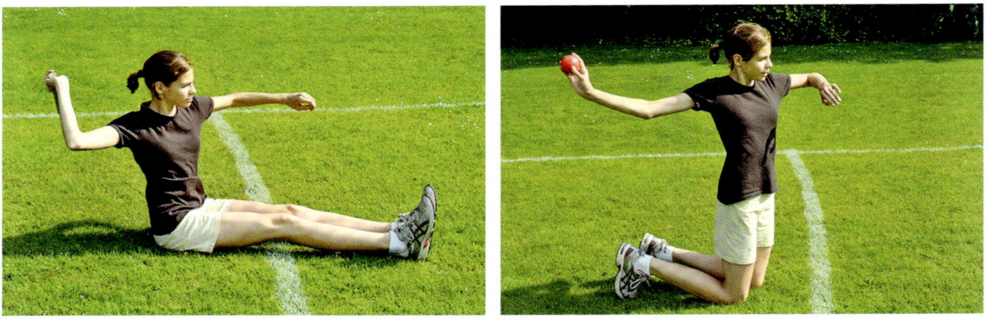

Abb. 9: Werfen aus dem Langsitz und Kniestand

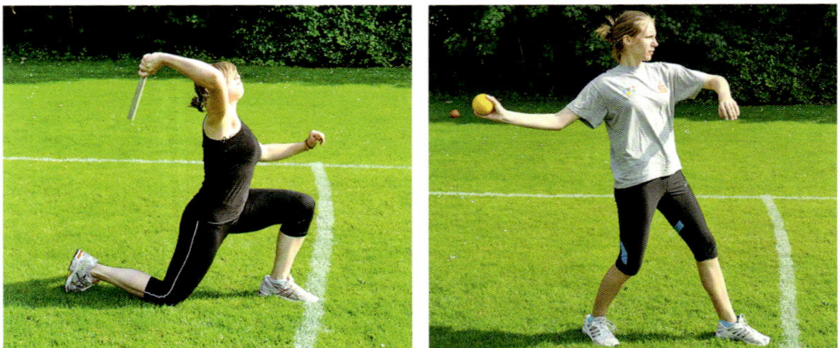

Abb. 10: Werfen aus dem Halbkniestand und Stand

Ausführungsformen

- Aus dem Angehen, Andrehen oder Anlaufen (s. Abb. 11)
- Beidarmiges Überkopfwerfen, Druckwurf oder Stoßen (s. Abb. 12)
- Aus dem 3-Schritt-Rhythmus mit vorgeschaltetem Angehen oder Anlaufen

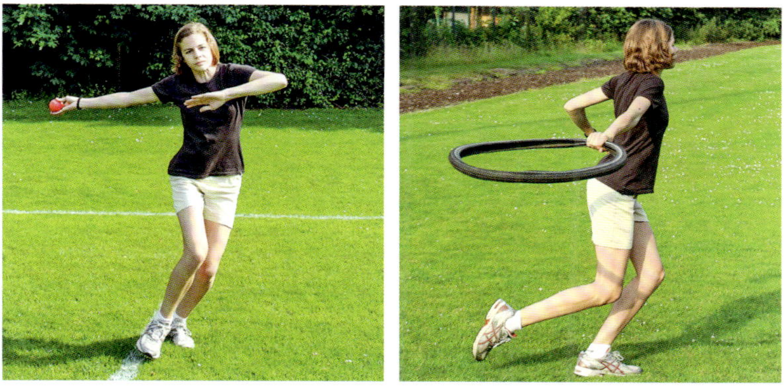

Abb. 11: Werfen aus dem Anlaufen und Andrehen

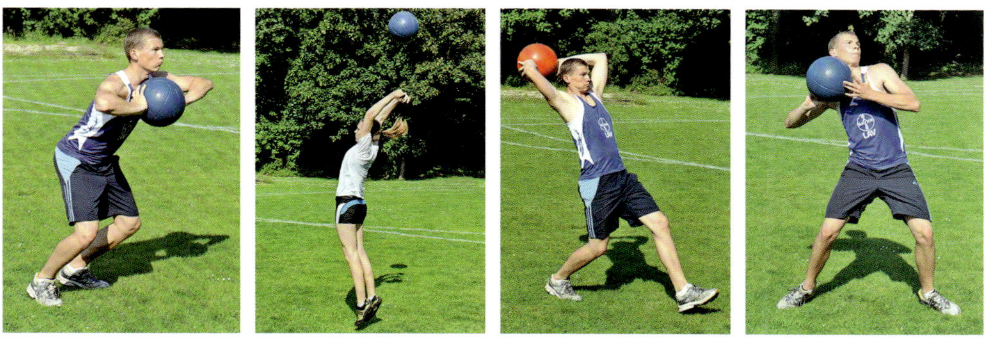

Abb. 12: Druckwurf, Schockwurf rückwärts, beidarmiger Überkopfwurf und einarmiges Stoßen

Ausführungsmodalitäten

Ausführungsmodalitäten

- Wurfgeräte rollen, fliegen, segeln oder flattern lassen
- Nach oben, über die Schulter oder auf den Boden
- Auf stationäre oder bewegliche Ziele
- Über etwas drüber, durch etwas hindurch, in etwas hinein
- Rückwärts oder vorwärts
- In die Höhe oder Weite
- Kraftvoll oder präzise
- Druck-, Schlag- oder Schockwurf
- Wurf- oder Stoßbewegung

Gewichte der Wurf- und Stoßgeräte

In der *Allgemeinen Wurf- und Stoßschule* kommen Wurf- und Stoßgeräte mit unterschiedlichen Gewichten mit dem Ziel der Akzentuierung und der speziellen Reizsetzung zum Einsatz. Während der Aneignung des Werfens oder des Stoßens ermöglichen *Geräte leichter als das Wettkampfgewicht* maßgebliche Vereinfachungen. Derartige Wurf- und Stoßgeräte eignen sich im Anfängerbereich vor allem für das Techniktraining (z. B. besseres Handling, größere Erfolgserlebnisse). Beachtet werden müssen aber deren abweichenden Flugeigenschaften. Für das Krafttraining und die Steigerung der Belastungsverträglichkeit verwenden Trainer vielfach *Geräte schwerer als das Wettkampfgewicht*. Die Differenz zum Wettkampfgewicht sollte aber nicht mehr als 10 % überschritten oder unterschritten werden. Insgesamt muss bei allen Gewichtsvariationen die räumliche und zeitlich-dynamische Bewegungsstruktur der Zielübungen beibehalten werden („Saubere Bewegungsausführung", s. Bd. 1, Kap. 1.3).

Gerätegewichte variieren

2.3 Wie können Lern- und Lehrprozesse gestaltet werden?

Ordnungsrahmen und Materialien

Wenn in Gruppen geworfen und gestoßen wird, dann muss unbedingt der sichere und effektive Organisationsrahmen eingehalten werden. Eine besondere Herausforderung besteht in der Beachtung der disziplinspezifischen Sicherheitsaspekte bei gleichzeitiger Wahrung ausreichender Übungswiederholungen. In der Sportpraxis bewährt haben sich die nachfolgend skizzierten Organisations- und Aufstellungsformen (s. Abb. 13), bei denen die Wurf- oder Stoßarmseiten freigehalten und Linkshänder an der linken Seite sicher üben können.

Ausreichende Wiederholungszahlen und trotzdem sicher!

- Reihen- oder bogenförmige Aufstellung
- Versetzte Linienaufstellung
- Kreisaufstellung (Lehrer in der Mitte, Übende werfen nach außen)
- Rücken-zu-Rücken-Aufstellung (Achtung: Nur beim Schlagballwerfen und Kugelstoßen!)
- Flaches „V" (Linkshänder stehen links und Rechtshänder rechts)

Die *Rücken-zu-Rücken-Aufstellung* ist besonders beim *Schlagballwerfen* und *Kugelstoßen* empfehlenswert (Oltmanns, 2001a, b). Die Üben-

Besonders zu empfehlen

Rücken-zu-Rücken-Aufstellung

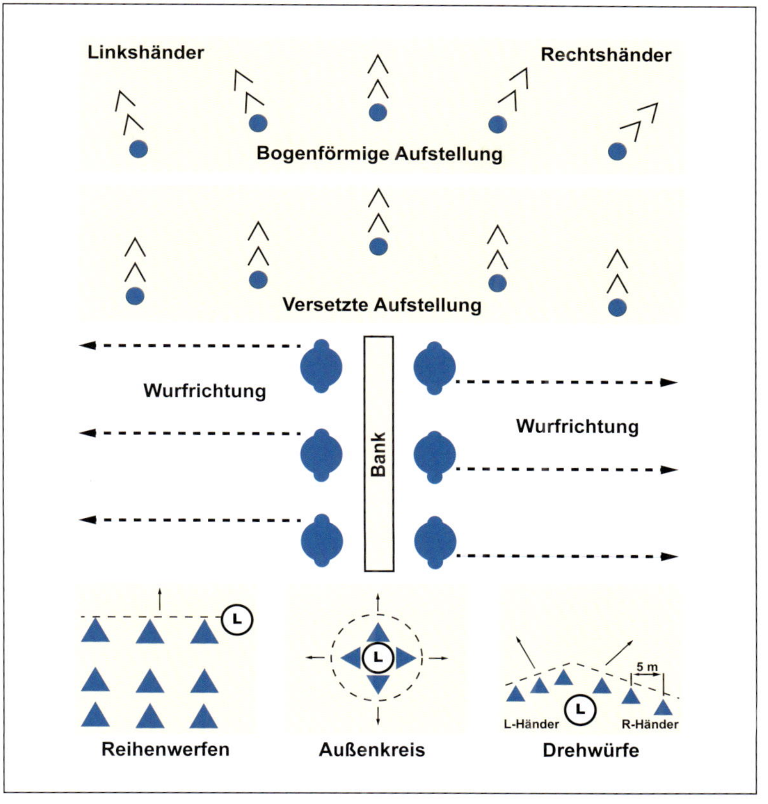

Abb. 13: Sichere Aufstellungsformen beim Werfen und Stoßen

den stehen in zwei Linien mit dem Rücken zueinander. Bei ausreichendem Abstand zueinander können die Sportler gleichzeitig von der Mitte nach außen werfen oder stoßen. Der Trainer hat zu jeder Zeit beide Übungsgruppen für Ansagen und Korrekturen im Blick.

Sicherheit

- Grundsätzlich erfordert das Werfen und das Stoßen die korrekte Geländewahl hinsichtlich der Übungsflächen, der Sicherheitszonen und der Ziele (Nicht in Richtung zum Kopf werfen!).
- Die Übungsfläche muss auffällig gekennzeichnet werden (z. B. Signalleinen, Hütchen). Zu berücksichtigen sind ausreichende seitliche Abstände zwischen den Athleten (1–5 m) und Sicherheitszonen zur Vermeidung von Gerätetreffern.

- Die Übungsfläche muss während der Unterrichtsstunde ständig durch den Lehrer und den Trainer kontrolliert werden.

- Bei gleichzeitig übenden Gruppen müssen räumliche Überschneidungen vermieden werden.

Sicherheitsaspekte

- Vom „Hin-und-Her-Werfen“ in der Gassenaufstellung ist abzuraten („Querschläger“). In leistungsheterogenen Gruppen können die Abstände zueinander nicht eingehalten werden. Ebenso lenkt das Fangen der Wurfgeräte von der Wurfaufgabe ab.

- Bewährt hat sich die „Rücken-zu-Rückenaufstellung“. Das Zurückholen der Wurf- und Stoßgeräte erfolgt ausschließlich dann nach Ansage des Lehrers, wenn alle Geräte benutzt wurden!

- Im Anfängertraining sollten zunächst Geräte mit geringer Verletzungsgefahr verwendet werden (z. B. Softbälle, Tennisbälle).

- Wurf- und Stoßgeräte dürfen nicht auf dem Boden abgelegt werden (Gefahr des „Drauftretens“ und Umknickens!).

- Saubere Anlaufbahnen und Stoßanlagen (Besen, Lappen). Vorsicht bei nassen, rutschigen Bodenflächen!

Hinweise zur technischen Ausführung der Würfe und Stöße

- *Anfänger* sollten frühzeitig mit unterschiedlichen Wurf- und Stoßgeräten experimentieren, um sowohl gerätespezifische Griffmöglichkeiten, Kraftdosierungen und Flugeigenschaften zu erfahren als auch Rückschlüsse auf die Genauigkeit der Technikausführung zu ermöglichen.

Technik

- Vielfach liegt die Fehlerursache in der technisch nicht korrekten Beinarbeit begründet, da das Druckbein passiv arbeitet oder das Stemmbein nachgibt. Technisch korrekt ausgeführte Wurf- und Stoßbewegungen beginnen (Rechtshänder) generell mit der Eindrehung des rechten Fußes. Hierdurch wird das Hüftgelenk frontal in Wurf- und Stoßrichtung ausgerichtet.

- Für Anfänger ist das Werfen und das Stoßen aus dem Ring aufgrund der großen Explosivkraft sowie Maximalkraft schwierig, da der Körper des Sportlers und das Gerät auf engem Raum sowie in möglichst kurzer Zeit aus dem Stillstand auf eine große Endgeschwindigkeit beschleunigt werden muss. Aus diesem Grund sollte zunächst mit leichten, einfach zu greifenden Geräten geübt werden.

- Anfänger sollten durch vorgegebene, „zwingende" äußere Bedingungen – wie Markierungen überlaufen, Ball an einer Hallenwand hochwerfen, über das Fußballtor werfen oder stoßen – dazu angehalten werden, die Bewegungstechnik technisch korrekt auszuführen.
- Grundsätzlich sind die Übungen derart zu gestalten, dass zunächst die Bewegungspräzision und anschließend die Bewegungsgeschwindigkeit ausgebildet werden.
- Das Anfängertraining sollte das beidarmige Üben berücksichtigen.

Hinweise zum methodischen Vorgehen

- Beim Werfen und Stoßen in der Gruppe sollte eine große Anzahl an altersgemäßen Wurf- und Stoßgeräten zur Verfügung stehen, um Wartezeiten zu vermeiden. *Werfen lernt man nur durch Werfen, Stoßen nur durch Stoßen!*
- Das Üben auf der Wurf- oder Stoßanlage, bei dem einzeln nacheinander geworfen und gestoßen wird, während die anderen Sportler warten, bis die Geräte zurückgeholt werden, bedingt eine geringe Wiederholungszahl und lange Pausenzeiten (Langeweile!).

Methodik

- Übungsformen sollten nicht unter Zeitdruck ausgeführt werden, damit der Anfänger auf die „saubere" Bewegungsausführung achten kann.
- Beim Werfen gilt der Grundsatz: „Keine Trockenübungen" (Ohne abschließenden Wurf!). Empfohlen werden Spiel- und Übungsformen, in denen das Werfen im Mittelpunkt steht.
- Das Werfen und Stoßen wird zunächst aus dem Stand mit verkürzter Ausholbewegung geschult. Anschließend folgen erste Geh- und Laufschritte oder Drehungen.
- Im Rahmen der vielseitigen Wurf- und Stoßschule (s. Kap. 2.2) werden sowohl die Geräteform, das Gerätematerial und das Gerätegewicht als auch die Art des Wurfs und Stoßes, die Ausholweite, die Abwurfrichtung sowie die Wurfintensität variiert.
- Mittels rhythmischer oder zeitlicher Vorgaben (z. B. Rufen, Klatschen) können zentrale Bewegungsteile akustisch begleitet und hervorgehoben werden (z. B. Aneignung des 3-Schritt-Rhythmus: „Tam-Ta-Tamm").
- Sprachliche Metaphern dienen der Beschreibung gewünschter Teilbewegungen und Körperpositionen (z. B. verbale Zusammenfassung der drei Anlaufschritte im 3-Schritt-Rhythmus: „Der vordere geht", „Der zweite überholt" und „Der dritte steht").

Beobachten und Korrigieren

Beim Beobachten und Korrigieren sind hinsichtlich der *Standorte des Lehrers und des Trainers* folgende Aspekte zu berücksichtigen (Hommel, 2008).

- Möglichst im rechten Winkel und auf der Seite oder hinter dem Wurf- und Stoßkreis stehen.
- Alternativ ist die Ansicht „hinter dem Athleten" zu wählen. Dies ermöglicht die Kontrolle des Verwringungswinkels (Wurfarm- u. Schulterachse, Schulter- u. Beckenachse), der Geräteführung und der seitlichen Abweichungen.
- Die Flugbahn der Wurf- und Stoßgeräte kann ebenfalls aus der „Vogelperspektive" beobachtet werden (z. B. erhöhte Tribünenposition).

Beobachtungsstandorte

Lehrer und Trainer sollten in erster Linie die technikrelevanten, idealtypischen Bewegungsphasen beurteilen. Von besonderer Bedeutung sind die Knotenpunkte und die Schlüsselsequenzen der Bewegung („Was ist wichtig?") sowie die fehlerzentrierte Beobachtung („Was ist falsch?"; Hommel, 2008). Hinsichtlich der Feedbackmöglichkeiten zeichnen sich die leichtathletischen Würfe und Stöße dadurch aus, dass bereits kleinste Änderungen in der Bewegungsausführung an der Flugbahn, der Steigphase, der Flugrichtung und der Lage der Wurf- sowie Stoßgeräte in der Luft zu erkennen sind.

Selektives Sehen

Knotenpunkte erfassen

Bewegungen variieren

Üben unter veränderten Bewegungsbedingungen wirkt sich vorteilhaft auf die Aneignung und die Optimierung sportmotorischer Fertigkeiten aus. Folgende Variationen der Bedingungen erscheinen sinnvoll.

- Unterschiedliche Geräte, Ziele und Aufgaben (Gewichte, Entfernungen, Bewegungsumfang)
- Intensität (Abwurf und Abstoß akzentuiert vs. nicht akzentuiert)
- Geschwindigkeit (schnell vs. langsam)
- Fließende oder rhythmische Bewegungsabläufe
- Mit stemmendem und nachgebendem vorderen Bein (s. Abb. 14)
- Amplitude der Anlauf- und Angehschritte (große vs. kleine Schritte)
- Seitenverkehrtes Üben

Bewegungen variieren

- Zielwürfe, Zielweitwürfe oder Zonenwürfe (unterschiedliche Entfernungen, Abwurfwinkel, Flugbahnen)
- Verschiedene Anstellwinkel der Wurf- und Stoßgeräte zur Verdeutlichung der Handposition für die Kontrolle des Anstellwinkels (Bei welchem Anstellwinkel gelingt der Wurf am besten?)
- Seitenverkehrte Zug- und Abwurfimitationsübungen mit Partner („Speerziehen") oder Gummizügen

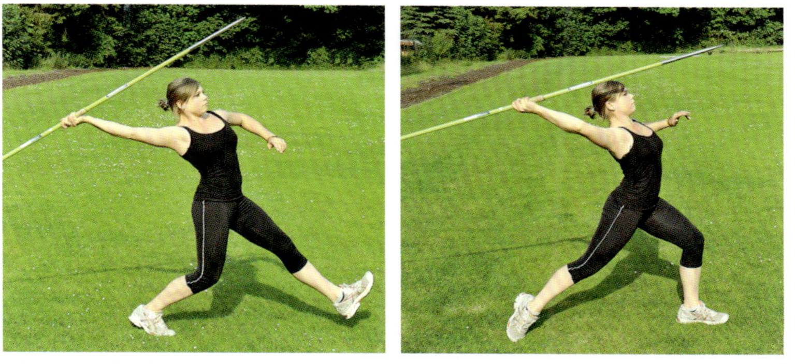

Abb. 14: Wurf mit stemmendem und nachgebendem vorderen Bein

Beteiligen – Mitgestalten – Experimentieren

Die *Beteiligung* und die *Mitgestaltung* der Kinder und Jugendlichen am Übungs- und Trainingsprozess fördert deren Motivation. Dies kann durch spezielle Aufgabenstellungen und Aufforderungen („Entwickelt in der Gruppe eine Ziel-Wurfstation") sowie Gelegenheiten zum *selbstständigen Experimentieren* erfolgen („Bei welcher Anlaufgeschwindigkeit gelingt der Wurf am besten?").

Selbstständig experimentieren

Das *selbstständige Experimentieren* unterstützt einerseits die Fehlereinschätzung und die Entwicklung des Bewegungssehens, wenn andere Sportler beobachtet werden, andererseits die experimentelle und explorative Suche nach individuellen Lösungen. Ein besonderer experimenteller Ansatz ergibt sich, indem der Frage nachgegangen wird, wie und wann Gegenstände geworfen oder gestoßen werden.

Werfen und Stoßen im experimentellen Ansatz erfahren

Fragestellungen an die Übungsgruppe

- *Leichte, handliche Gegenstände* werden geradlinig geworfen. Der Übende kann beobachten und erfahren, dass das Ellbogengelenk dem Wurfobjekt kurzfristig vorauseilt und die Hand peitschenartig nachfolgt.

- *Mittelschwere, große Gegenstände* werden bevorzugt mit Drehungen um die eigene Körperlängsachse und im Ellbogengelenk gestrecktem Wurfarm geschleudert.
- *Sehr schwere Gegenstände* werden gestoßen. Das Ellbogengelenk befindet sich hinter dem Wurf- und Stoßgerät.

Der Lernprozess sollte von den Lernenden selbstständig geplant werden. Im Vordergrund stehen die Antizipation von Bewegungsproblemen und die aktive Erprobung motorischer Lösungen. Der Trainer moderiert die Übungsstunde, bietet Vorschläge zur Vorgehensweise und korrigiert die Lösungssuche. Anregungen zum Experimentieren können durch folgende Fragestellungen erfolgen (Seeg, 2013).

- Wie kann vor dem Abwerfen oder Abstoßen möglichst viel Geschwindigkeit für den Körper und das Gerät entwickelt werden?
- Wie kann die Anlaufgeschwindigkeit optimal in die Weite umgesetzt werden?
- Wie kann der Körper des Sportlers vor dem Abwerfen (Abstoßen) des Geräts innerhalb des Wurf-(Stoß)kreises beschleunigt werden?

Experimentelle Aufgaben

Ebenso können experimentelle Aufgaben zu unterschiedlichen Schwerpunkten angeboten werden (Seeg, 2013).

- *Experimente zum Abflugwinkel.* Wurfgeräte und Stoßgeräte auf unterschiedlichen Flugkurven fliegen lassen (z. B. steil, mittel, flach).
- *Experimente zur Impulsübertragung.* Explosiv versus gemächlich abstoßen oder nur mit dem Arm stoßen versus vorwiegend aus dem Oberkörper versus aus den Beinen stoßen.
- *Experimente zur Bewegungsbeschleunigung.* Rechtes Bein versus linkes Bein beim Abwurf vorn oder Gerät frontal versus in Seitauslage versus mit Oberkörperrotation werfen.
- *Experimente zur Vorbeschleunigung.* Mit viel versus wenig Anlauf oder Anlaufen versus Angleiten oder vorwärts versus seitwärts oder linear anlaufen versus Drehung.

Die Eigenverantwortlichkeit der Sportler fördert in Lern- und Trainingsprozessen das Üben mit dem „Lernpartner“. Der Partner überprüft, inwieweit vorgegebene Ausführungskriterien erfüllt werden (z. B. im Ellbogengelenk gestreckter Wurfarm beim Schlagwurf). Die Beobachtungsaufgaben sollten sich auf wenig komplexe Bewegungsteile beschränken.

2.4 Welche Wettkämpfe eignen sich?

Pädagogisch orientierte Wettkampfformen

Pädagogisch orientierte Wettkampfformen

Grundsätzlich sind zur Motivation der Kinder und Jugendlichen *pädagogisch orientierte Wettkampfformen* zu empfehlen. Hierbei geht die Leistung des einzelnen in das Ergebnis der Übungsgruppe ein oder der individuelle Vergleich steht im Vordergrund. Das primäre Ziel besteht darin, Heranwachsende allmählich an den sportlichen Wettkampf heranzuführen (z. B. sich mit anderen messen, gewinnen und verlieren können).

DLV Wettkampfsystem Kinderleichtathletik

DLV Wettkampfsystem Kinderleichtathletik

Das offizielle *DLV Wettkampfsystem Kinderleichtathletik* (DLV, 2018; 2020) fördert den altersgemäßen Übergang zu leichtathletischen Wettkämpfen. Im Mittelpunkt stehen die allgemeine motorische Entwicklung, der Erhalt der kindlichen Bewegungsfreude, der Abwechslungsreichtum im Training und alternative Wettkampfanforderungen.

2.5 Leseempfehlungen

Leseempfehlungen

Differenzierte Einblicke in die Wurfdisziplinen und Stoßdisziplinen vermittelt der Band *Jugendleichtathletik – Rahmentrainingsplan für die Wurf- und Stoßdisziplinen im Aufbautraining* des Deutscher Leichtathletik-Verbands (2011). In der Zeitschrift Sportpädagogik werden sowohl im Heft 2/1982 (Leichtathletik), Heft 3/1995 (Leichtathletik neu entdecken), Heft 3 und 4/2009 (Laufen, Springen, Werfen) als auch im Sonderheft *Laufen, Springen und Werfen im Schulsport* (1997) sowie in der Zeitschrift *Sportpraxis* im Sonderheft *Spielerische Leichtathletik* (2001) zahlreiche mehrperspektivische Unterrichtsideen zum leichtathletischen Laufen, Springen und Werfen vorgestellt. Darüber hinaus findet der interessierte Leser bei Belz und Frey (2009, 2013, 2015) sowie Rosenfelder (2011) leichtathletische Unterrichtseinheiten und Stundenbeispiele für die 5. bis 7. Klassenstufe sowie 8. bis 10. Klassenstufe.

Kapitel

3

Schlagballwerfen

Das *Schlagballwerfen* (Schlagwurf, gerader Wurf) zählt zu den leichtathletischen Wurfdisziplinen, das im Vergleich zum Speerwerfen und Diskuswerfen geringere Anforderungen an die Bewegungskoordination stellt und von Kindern sowie Jugendlichen häufig im Alltag angewendet wird (z. B. Steine, Schneebälle). Der Schlagwurf als Schlagbewegung mit dem Unterarm und der Hand stellt im Rahmen der kleinen Spiele sowie der großen Ballsportspiele die koordinative Grundvoraussetzung hinsichtlich der Aneignung zahlreicher sportlicher Wurf- und Schlagtechniken dar. In der Leichtathletik steht das Schlagballwerfen im Mittelpunkt des Anfängertrainings als Vorbereitung auf das Speerwerfen.

3.1 Voraussetzungen schaffen

Zu den *Grundvoraussetzungen des sportlichen Werfens* zählen die gut ausgeprägte Bewegungskoordination und die große Oberkörperstabilität. Beide Aspekte werden in der *Allgemeinen Wurfschule* durch vielseitige Wurfgelegenheiten mit unterschiedlichen Wurfgeräten und Intentionen spielerisch ausgebildet (s. Kap. 2.1).

Vielseitige Wurfgelegenheiten durch kleine Wurfspiele

Den kleinen Wurfspielen kommt aufgrund zahlreicher emotionaler Komponenten zwar ein hoher Stellenwert im Hinblick auf die Hinführung zum leichtathletischen Werfen zu, da die kleinen Wurfspiele vielfältige, erlebnisreiche und motivierende *Wurfgelegenheiten* mit verschiedenartigen Bällen, Stäben, Reifen oder Ringen bieten. Im Allgemeinen entsprechen die in den kleinen Wurfspielen ausgeführten Würfe jedoch nicht den Technikleitzielen der leichtathletischen Würfe, da in den kleinen Wurfspielen die Wurfbewegungen mehrheitlich unter Zeitdruck sowie Gegnerbeeinflussung realisiert werden und nicht der räumlich-zeitlich-dynamischen Bewegungsabfolge der leichtathletischen Schlagwürfe entsprechen. Nachfolgend werden exemplarisch vier Wurfspiele vorgestellt, bei denen *leichtathletische Schlagwürfe*, aber keine Schockwürfe und Drehwürfe erlaubt sind.

Kleine Wurfspiele

Treibball

Zwei sich gegenüberstehende Mannschaften versuchen mit unterschiedlichen Wurfbällen (z. B. Schlagball, Tennisball) einen in der

Mitte des Spielfelds liegenden Basketball über die gegnerische Ziellinie zu „treiben“. Spielende: Sobald der Basketball die gegnerische Grundlinie überrollt oder nach Ablauf der Spielzeit.

Burgball

Die Trainingsgruppe bildet einen Kreis, in dessen Mitte sich verschiedene Gegenstände befinden, die von zwei Personen geschützt werden, während die anderen versuchen, die Gegenstände mit Bällen zu treffen.

Wurfspiele mit leichtathletischen Schlagwürfen

Abpraller

Der nach oben offene Längskasten wird vor der Hallenwand aufgestellt. Die Aufgabe besteht darin, Bälle indirekt, mit vorherigem Wandkontakt in den Kasten zu werfen. Jede Mannschaft versucht in der festgelegten Zeit möglichst viele Treffer zu erzielen.

Ballstaffel gegen die Wand

Die Sportler stehen in mehreren Reihen (Abstand: 10 – 15 m) vor der Hallenwand. Die 1. Person der Reihe wirft den Ball gegen die Wand und stellt sich am Ende der Reihe an. Die 2. Person fängt den Ball und wirft diesen wieder gegen die Hallenwand. Welche Gruppe ist zuerst durch?

Über das vielfältige Werfen zur Schlagwurfbewegung

Im Mittelpunkt des vielfältigen Werfens steht die spielerische Aneignung des leichtathletischen Schlagwurfs. Kennzeichnend für die *Schlagwurfbewegung* ist, dass der anfangs „lange Arm“ zunächst im Ellbogengelenk gebeugt wird und das Ellbogengelenk die Bewegung nach „vorn-oben“ leitet (Bis zur Position über Schulterhöhe!). Anschließend wird das Ellbogengelenk fixiert und der Unterarm blitzschnell nach vorn geführt.

Allgemeine Wurfschule

Im Zentrum der Allgemeinen Wurfschule steht das Sammeln vielfältiger Wurferfahrungen in der direkten Auseinandersetzung mit verschiedenartigen Wurfgeräten und Aufgabenstellungen. Dieser methodische Ansatz erhöht maßgeblich die Attraktivität des Trainings und die Motivation der Kinder sowie Jugendlichen (s. Kap. 2.1).

Bestandteile der Allgemeinen Wurfschule

- Kombination verschiedener Aufgaben (z. B. beid- und einhändige Würfe aus der Schrittstellung mit verschiedenen Geräten)
- Schlagwürfe aus verschiedenen Positionen (z. B. Sitz, Kniestand, Kniestand mit Aufsetzen des vorderen Beins, Parallelstand, Schrittstellung)
- Schlagwürfe mit unterschiedlichen Aufgaben (z. B. Höhen-, Weiten-, Zielorientierung)
- Schlagwürfe mit verschiedenartigen Geräten (z. B. Bälle, Wurfstäbe)

Allgemeine Wurfschule

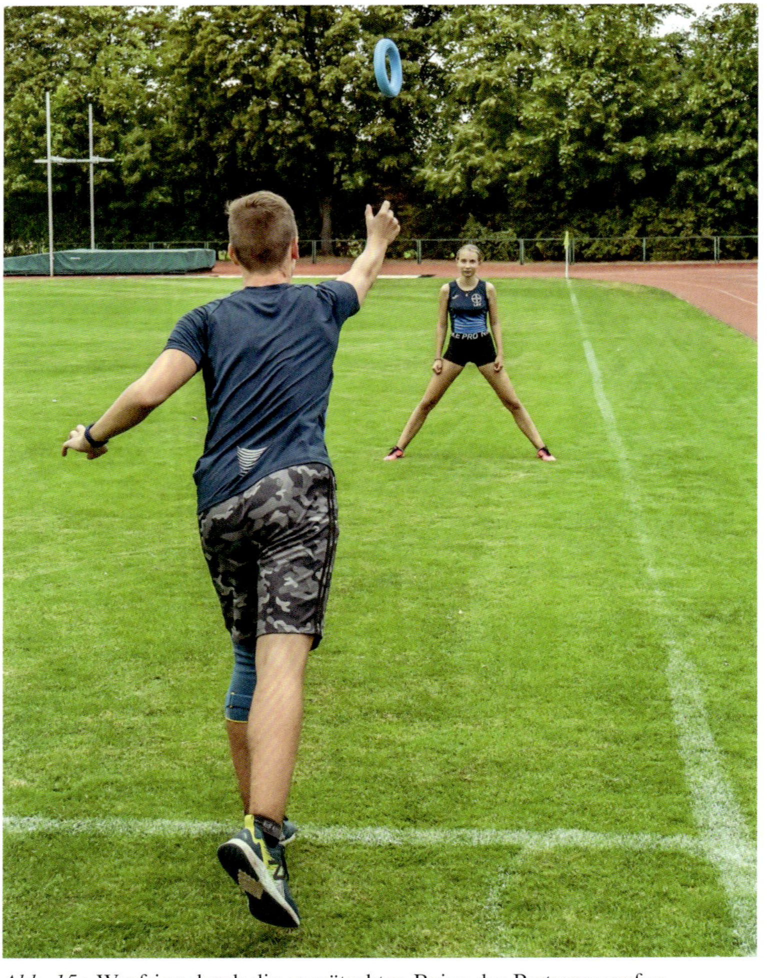

Abb. 15: Wurfring durch die gegrätschten Beine des Partners werfen

Präzise werfen

Präzises Werfen

Das *präzise Werfen* lässt sich effektiv mit Wurfringen üben, die zwischen Daumen und Zeigefinger gehalten werden. Durch die nachfolgend beschriebenen Übungen werden fehlerhafte Arm- und Handbewegungen deutlich sichtbar und können dem Anfänger direkt zurückgemeldet werden.

- Den Wurfring derart abwerfen, dass dieser nach dem Abwurf schnell den Boden berührt und geradlinig zum gegenüberstehenden Partner rollt.
- Den Wurfring derart abwerfen, dass dieser durch die weit gegrätschten Beine des gegenüberstehenden Partners rollt (s. Abb. 15).
- Den Wurfring derart abwerfen, dass dieser stabil durch die Luft fliegt.
- Den Wurfring weit werfen.

Kraftvolles Werfen

Für die Aneignung der schlagenden Unterarmbewegung beim Schlagwurf eignen sich Würfe aus dem Parallelstand oder der Schrittstellung mit leichten Tennisbällen (ca. 60 g) gegen den Boden.

Kraftvoll gegen den Boden werfen

- Kraftvoller Ballwurf auf den Boden, so dass der Tennisball möglichst hoch in Richtung der Hallendecke fliegt (z. B. mit Körperdrehung und anschließendem Ball fangen).
- Ballwurf mit dem rechten Arm auf den Boden und anschließende Körperdrehung nach links oder Wurf mit links und Körperdrehung nach rechts.
- Ballwurf auf den Boden und Fangen des Tennisballs im Sprung.

Auf Ziele und gegen die Hallenwand werfen

Der Reiz bestimmte Ziel zu treffen, ist aus evolutionärer Sicht für Kinder und Jugendliche vielfach größer als eine bestimmte Wurfweite zu erreichen. Ebenfalls attraktiv sind Verbindungen beider Aspekte und das kraftvolle Werfen. Bei Zielwürfen muss beachtet werden, dass mit großem Krafteinsatz geworfen wird, damit über die Stemmfunktion des Gegenfußes die Körperenergie auf das Wurfgerät übertragen wird. Beidhändige Würfe gegen die Hallenwand schulen den Hüfteinsatz, indem der Ball auf Hüfthöhe seitlich am Oberkörper nach hinten in die Wurfauslage geführt wird. Der kraftvolle Hüfteinsatz leitet die nachfolgende Wurfbewegung ein. In der Sporthalle bieten das Handballtor, die Längskästen, der Trennvorhang oder die Hallenwände zahlreiche Möglichkeiten für die Befestigung herausfordernder Wurfziele (z. B. Gymnastikreifen, Bilder, Trainingspylonen, Pappkartons).

Aus unterschiedlichen Entfernungen auf Ziele werfen

Auf Ziele werfen

- Kleine Trainingspylonen auf der Bank umwerfen
- Werfen in oder durch offene Kästen
- Auf die Felder der Sprossenwand zielen
- Auf fliegende Bälle oder durch fliegende Reifen werfen

Gegen die Hallenwand werfen

Zur Realisierung großer Wiederholungszahlen bieten sich Würfe gegen die Hallenwand an, welche den Sportler die Wurfweiten direkt zurückmelden. Für die nachfolgend vorgestellten Übungsformen eignen sich Tennisbälle, die berechenbar von der Hallenwand zurückprallen.

... gegen die Wand

- Würfe gegen die Hallenwand aus dem Stand, Angehen oder Anlaufen (3, 5 oder 7 Schritte). Der Tennisball sollte möglichst zur Abwurfstelle zurückprallen und gefangen werden. Im Verlaufe des Übungsprozesses wird die Abwurfposition weiter von der Hallenwand entfernt verlegt, um den Krafteinsatz zu erhöhen.
- Aus festgelegten Abständen (10–40 m) gegen die Hallenwand werfen. Wer die Wand erreicht, geht zur nächsten weiter entfernten Abwurfmarke.
- Unterschiedlich hohe Ziele an der Hallenwand treffen.

Hochwerfen und Steilwerfen

... hoch über Hindernisse

Zielwürfe verändern sich dann zu *Hochwürfen*, wenn die Ziele (Hindernisse) derart hoch befestigt werden, dass die Wurfrichtung nach „vorn-oben" zeigt. Der Werfer muss in der Ausholphase das Körpergewicht mit kraftvoller Körperstreckbewegung auf das hintere im Kniegelenk gebeugte Bein verlagern, um über den kraftvollen Hüfteinsatz und die Vordehnung der Wurfmuskulatur zum Abwurf zu gelangen. Für Kinder und Jugendliche gilt das Werfen über die hoch gespannte Gummischnur oder hohe natürliche Hindernisse als spielerische Herausforderung.

Weitwerfen mit Wurfstäben

... in die Weite

Für das *in die Weite werfen* eignen sich neben Tennisbällen ebenfalls *Wurfstäbe* aus Vollgummi. Beim geraden schlagartigen Abwurf „liegt" der Wurfstab senkrecht in der Luft und rotiert mit großer Geschwindigkeit. Das Flugverhalten der Wurfgeräte veranschaulicht unmittelbar die technischen Fehler in der Armführung und beim Abwurf (s. Abb. 16).

Werfen mit Schweifball und Heuler

... mit dem Schweifball und Heuler

Schweifbälle und *Flatterbälle* verfügen über flatternde Bänder (z. B. rot-weißes Baustellenabsperrband). Heuler (Vortex-Raketen) erzeugen während des Flugs einen lauten Pfeifton. Der effektvolle Flug der Wurfgeräte motiviert zu vielfältigen Wurfvariationen (s. Abb. 16).

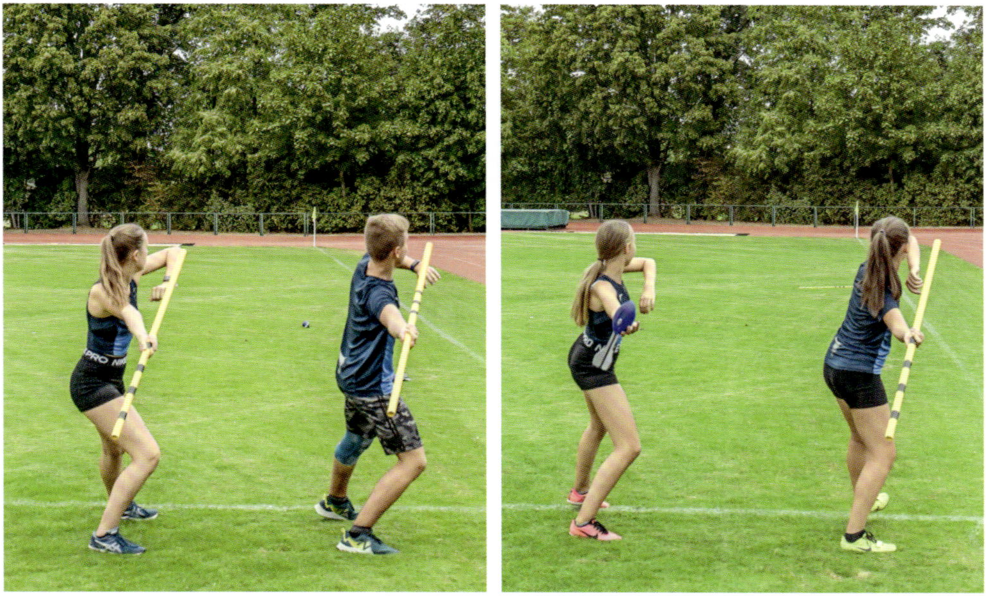

Abb. 16: Aus dem Stand mit Heuler und Wurfstange werfen

Aus der Wurfauslage werfen

... aus der Wurfauslage

Im Hinblick auf die Würfe aus der Wurfauslage muss beachtet werden, dass das Gegenbein vorn steht, der Körperschwerpunkt sich über dem hinteren Bein befindet und der im Ellbogengelenk nahezu gestreckte Wurfarm nach hinten geführt wird. Des Weiteren muss die Verwringung zwischen Schulter- und Hüftachse bestehen (s. Abb. 17).

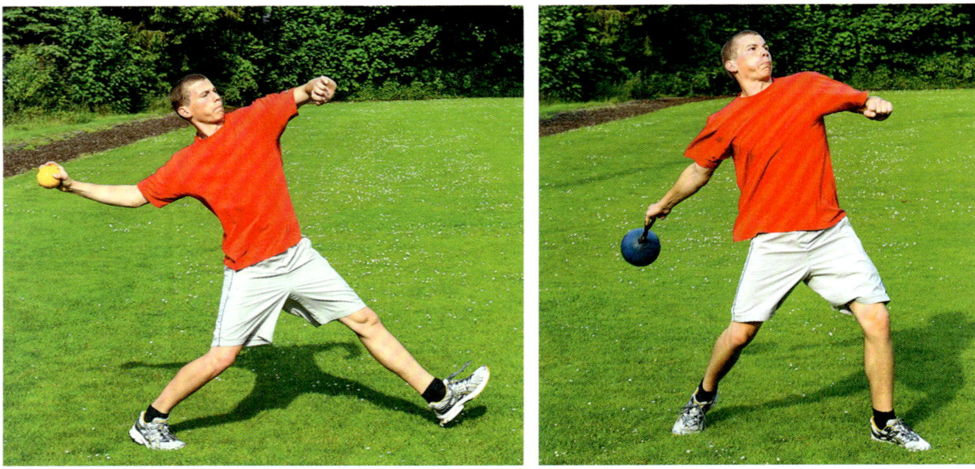

Abb. 17: Werfen aus der Wurfauslage

Die Würfe erfolgen „aus dem gesamten Körper". Markantes Kennzeichen ist die zeitlich aufeinanderfolgende Bein-, Hüft-, Schulter- und Armbewegung (s. Abb. 19). Die Übung „Ballanreichen von hinten in den im Ellbogengelenk gestreckten Wurfarm" dient der Festigung des Wurfs aus der Wurfauslage (s. Kap. 3.4, s. Abb. 22).

3.2 Grundlegende Technikmerkmale erkennen

Der *Schlagballwurf* stellt das Fundament der leichtathletischen Würfe dar, das sich folgendermaßen charakterisieren lässt (s. Abb. 18).

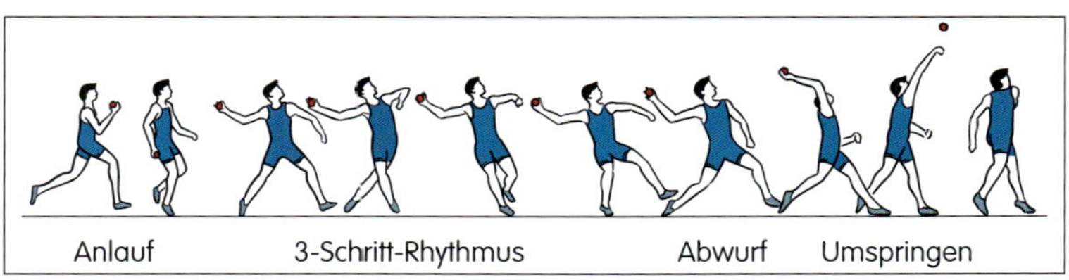

Abb. 18: Schlagballwurf

- Der *Anlauf* umfasst fünf bis sieben Schritte.
- Die *Rückführung des Wurfgerätes* erfolgt auf den letzten drei Schritten, indem der Sportler den Wurfarm auf Schulterhöhe zurückführt und im Ellbogengelenk streckt.

- Während des vorletzten Anlaufschritts führt der Rechtswerfer das rechte Bein flach über den Boden nach vorn („Rechts überholt links!“). Der frontal in Wurfrichtung ausgerichtete Oberkörper dreht sich nach rechts dem im Ellbogengelenk gestreckten Arm entgegen.
- Bevor das rechte Bein aufsetzt (Druckbein), wird dieses vom linken Bein in der „Luft“ überholt *(doppelter Beinwechsel)*.
- Während dieses *Impulsschritts* verlagert sich der Oberkörper in die Rücklage und die Wurfhand oberhalb der Schulterhöhe hinter den Oberkörper.
- Der *Stemmschritt* (linkes Bein) sichert durch den Aufbau der Bogenspannung des Körpers des Sportlers die optimale Wurfauslage.
- Im Anschluss folgt die *schnelle Abwurfbewegung* als peitschenartige, über Kopfhöhe nach vorn schnellende Arm-Handbewegung mit anschließendem Abwurf und „Nachschlagen“ der Hand.
- Das *Umspringen* auf das rechte Bein verhindert die Übertretung der Abwurfmarkierung.
- Harmonischer Bewegungsablauf und die Zunahme der Ausführungsgeschwindigkeit bis zum Bewegungsende.

3.3 Techniken aneignen, variieren und optimieren

Die *zentrale Aufgabe der Anfängerschulung* besteht darin, die in Teilbereichen beherrschte allgemeine Wurfbewegung mit Hilfe der methodischen Übungsreihe in das leichtathletische Werfen zu überführen.

Methodische Leitlinien zur Aneignung der Schlagwurftechnik

Bewegungszergliederung „von der Mitte nach außen“

Vereinfachungsprinzipien

Der Schlagballwurf kann nach der Bedeutung der Teilabschnitte für das Erreichen des Bewegungsziels „Weitwerfen“ von der Bewegungsmitte nach außen zergliedert werden (Göhner, 1979). Der *Abwurf* stellt die *funktional unabhängige Hauptfunktionsphase* dar, der aus dem Stand bei optimaler Wurfauslage geschult wird. Anschließend werden die beiden abhängigen *Hilfsfunktionsphasen*, der azyklische und zyklische Anlaufteil hinzugenommen. Eine besondere Bedeutung kommt den *Vereinfachungsprinzipien der Verkürzung der Bewegungslänge* (Reduzierung der Bewegungskomplexität), der *Veränderung der variablen Bewegungsparameter* (Erleichterung der situativen Bedingungen) und der *Unterstützung der nicht veränderbaren Bewegungsmerkmale* zu (Unterstützung der Bewegungsorganisation, s. Bd. 1, Kap. 1.3). Die Basistechnik der Schlagwurfbewegung sollte mittels der methodischen Übungsreihe schrittweise vorbereitet werden. Anfänger führen die Übungen zunächst unter erleichterten Gerätebedingungen mit einfachen Wurfgeräten aus. Bei gefestigtem Bewegungsablauf kann mit schwierigeren Geräten und mit der nicht dominanten Hand geübt werden.

Heinicke und Hütcher (2016) schlagen folgendes methodisches Vorgehen vor.

Methodische Übungsreihe

Frontale Standwürfe aus der Schrittstellung

Frontale Würfe mit individueller Vorbeschleunigung
(Freier Anlauf!)

Standwürfe aus der seitlichen Wurfauslage

Standwürfe aus der Wurfauslage mit Aufsetzen des Stemmbeins

Vorbereitung des Anlaufs im 3-Schritt-Rhythmus

Würfe aus dem 3-Schritt-Rhythmus

Würfe aus mehreren Anlaufschritten (5- u. 7-Schritt-Rhythmus)

Frontale Standwürfe aus der Schrittstellung

Frontale Standwürfe aus der Schrittstellung

Der *Standwurf* wird aus der Schrittstellung mit dem Gegenbein nach vorn geschult. Die Füße deuten tendenziell in Wurfrichtung, das hintere Bein (Druckbeinfuß) wird geringfügig abgewinkelt (< 45°) und der Körper des Sportlers zeigt eine minimale Bogenspannung. Das Wurfgerät wird in der Wurfhand zunächst mit gebeugtem und im Lernverlauf mit im Ellbogengelenk gestrecktem Wurfarm hinter dem Kör-

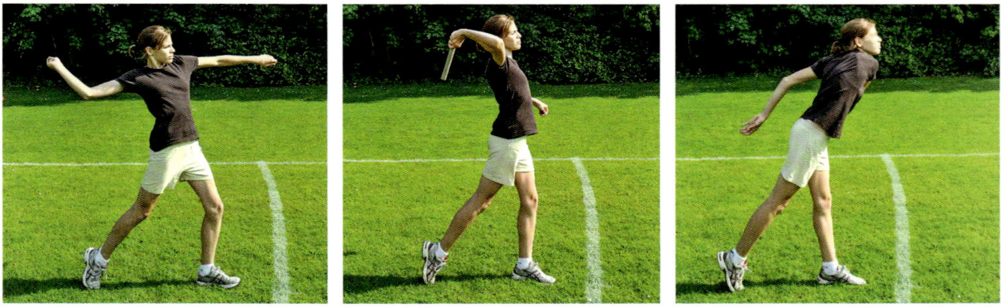

Abb. 19: Frontaler Standwurf aus der Schrittstellung

per über Kopfhöhe gehalten (s. Abb. 19). Der Abwurf erfolgt mit einem peitschenartigen Armzug über dem Kopf. Durch die Körperstreckung nach „vorn-oben" soll der Übende in der Abwurfphase „größer werden" und dem Schlagwurfball „nachgehen". Beim Abwurf halten beide Beine den Kontakt zum Untergrund.

Als Beispiel bietet sich an, mit Tennisbällen aus 5 m Abstand gegen die Hallenwand zu werfen, die zurückprallenden Bälle möglichst mit einer Hand zu fangen, den Arm zurückfedern zu lassen und zu werfen. Hierbei muss das Stemmbein fixiert bleiben und das Körpergewicht vom hinteren Bein auf das vordere verlagert werden.

Frontale Würfe mit individueller Vorbeschleunigung (Freier Anlauf)

Frontale Würfe mit Vorbeschleunigung

Die Schlagwürfe werden aus dem ‚freien Anlauf" ohne Hinweise zur Bewegungsausführung mit unterschiedlichen Vorbeschleunigungen realisiert. Die Würfe erfolgen aus dem gesamten Körper. Zu beachten ist der Zweibeinstütz während des Abwurfs (Druckbein darf sich nicht vom Boden lösen!). Die Bewegungsaufgabe gelingt dann am besten, wenn die Wurfbewegung über den Ellbogen und dem Kopf erfolgt.

Standwürfe aus der seitlichen Wurfauslage

Standwürfe aus der seitlichen Wurfauslage

In der seitlichen Wurfauslage befindet sich der Körperschwerpunkt über dem hinteren Bein. Die Schulterachse zeigt mit im Ellbogengelenk gestrecktem Wurfarm in die Wurfrichtung. Das vordere Bein (Stemmbein) ist im Kniegelenk gestreckt und fixiert. Der Abwurf erfolgt aktiv aus dem Fuß-, Knie- und Hüftgelenk. Das lange Zurückhalten des Wurfgeräts trägt maßgeblich zur Verwringung von Hüft- und Schulterachse bei.

… gegen die Wand

Bei *Standwürfen gegen die Hallenwand* fliegt der Tennisball zunehmend steiler nach oben (Über Kopfhöhe!) und der Abstand zur Hallenwand wird vergrößert. Die Gewichtsverlagerung erfolgt vom hinteren auf das vordere Bein. Beide Beine halten den Kontakt zum Boden. Der Tennisball wird aus der Bogenspannung abgeworfen.

… Partner reicht an

Zur *Verdeutlichung der Wurfauslage*, kann der Tennisball entweder durch einen Partner von hinten angereicht werden (s. Kap. 3.4, Abb. 22) oder der Werfer nimmt die Bälle von einem hinter dem Sportler stehenden hohen Längskasten. Auf dem Sportplatz kann von verschiedenen Abwurfmarken über eine Ziellinie geworfen werden. Wer die Linie überwirft, darf zur nächsten Abwurfmarke wechseln.

Standwürfe aus der Wurfauslage mit Aufsetzen des Stemmbeins

Der Wurfarm wird vor dem Abwurf lange zurückgehalten und das Stemmbein mit Beginn der Bein-Druckarbeit (hinteres Bein) aus dem schulterbreiten Stand (Stemmbein neben Druckbein) flach nach vorn gesetzt (Vorderes linkes Bein im Kniegelenk gestreckt!, s. Abb. 20). Das anschließende schnelle „Nach-vorn-Drehen“ der rechten Hüftseite erfolgt mit dem Fußaufsatz des Stemmbeins. Die Übung beginnt mit einem Auftaktschritt.

Vorbereitung des Anlaufs mit 3-Schritt-Rhythmus

Vorbereitung des 3-Schritt-Rhythmus

Die Sportler sollten den 2-Schritt-Rhythmus beherrschen. Die Übung beginnt in der Schrittstellung (Linkes Bein vor dem rechten!). Die Athleten realisieren mit dem rechten Bein den Impulsschritt und setzen das Stemmbein mit verzögertem Abwurf auf. Anschließend üben die Sportler den 3-Schritt-Rhythmus aus dem Gehen mit Aufdrehbewegung (Wurfschulter aktiv aufdrehen!) und Druckbeinarbeit (Rechte Körperseite arbeitet aktiv gegen die linke!).

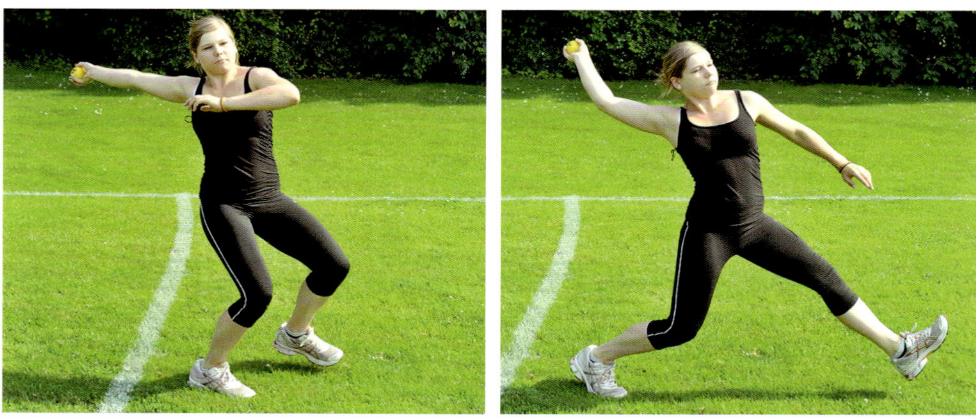

Abb. 20: Wurf aus der Wurfauslage mit Aufsetzen des Stemmbeins

Würfe aus dem 3-Schritt-Rhythmus

Die Würfe aus dem 3-Schritt-Rhythmus erfolgen aus der Schrittstellung (rechtes Bein vorn!) mit im Ellbogengelenk gestrecktem Wurfarm. Der Rechtshänder bereitet den Abwurf mit akzentuiertem Aufsetzen des linken Fußes (drittletzter Kontakt) und schnellem, flachem Aufsetzen des rechten Fußes vor (vorletzter Kontakt als Impulsschritt – längster Schritt im Schrittrhythmus!).

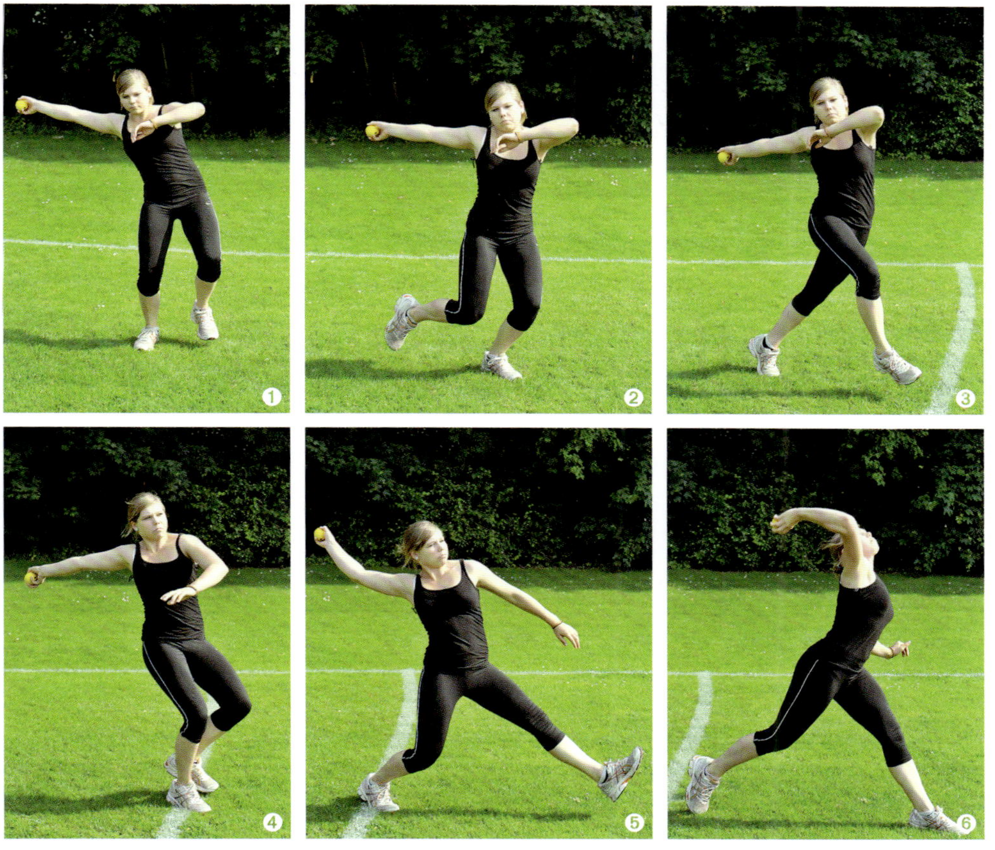

Abb. 21: Wurf aus dem 3-Schritt-Anlauf

... aus 3 Anlaufschritten

Nach dem Fußaufsatz des Druckbeins „arbeitet" dieses aktiv in Wurfrichtung weiter. Das Stemmbein (letzter Kontakt) wird mit deutlicher Oberkörperrücklage und aktivem Aufdrehen der Wurfschulter aufgesetzt, um die Bogenspannung zu erzielen. Die Aufmerksamkeit des Sportlers richtet sich auf den flachen, weiten Impulsschritt und das Zurückhalten des Wurfarms bis zum Abwurf. In der Abwurfbewegung befindet sich das Ellbogengelenk in der Nähe des Kopfes und vor der Hand, um die „Unterarmschleuder" einzuleiten (s. Abb. 21). Durch den „Impulsschrittgraben" mit Markierungen (z. B. Seile) kann die Länge des Impulsschritts vorgegeben werden. Der Einsatz des Beins, der Hüfte, der Schulter und des Wurfarms muss deutlich nacheinander erfolgen. Die Abwurfbewegung darf erst dann beginnen, wenn sich der Körperschwerpunkt über dem Druckbein befindet!

Würfe aus mehrerer Anlaufschritten (5- und 7-Schritt-Rhythmus)

... mehrere Anlaufschritte (5- und 7-Schritt-Rhythmus)

Zur *Steigerung der Anfangsgeschwindigkeit* können einerseits ab der Ablaufmarke mehrere Anlaufschritte, andererseits weitere Impulsschritte hinzugefügt werden. Bedeutsam ist die *Dynamisierung der Schrittfolge bis zum Abwurf*, bei welcher die Anlaufgeschwindigkeit bis zum Abwurf kontinuierlich gesteigert wird. Die Aneignung des 5- und 7-Schritt-Anlaufs kann der Trainer durch sprachliche Rhythmusvorgaben unterstützen. Das Umspringen auf das rechte Bein erfolgt nach dem Abwurf. Beachtet werden sollte, dass die Anlaufgeschwindigkeit (Eingangsgeschwindigkeit) auf den Schlagwurf übertragen wird. Bei zu schnellem Anlauf kann die Bewegung „entgleisen", so dass die Wurfkraft nicht vollständig genutzt wird. Anfänger sollten den 7-Schritt-Anlauf erst dann erproben, wenn der 5-Schritt-Anlauf sicher beherrscht wird.

3.4 Fehler erkennen und Übungsaufgaben entwickeln

Das leichtathletische Wurftraining zielt im Nachwuchsbereich zum einen auf die Herausstellung der Bedeutung der *Bewegungsvariabilität*. Zum anderen motiviert die kreative Gestaltung der Übungseinheit unter Einbezug der Übenden und bietet pädagogisch-didaktische Vorteile. Beispielsweise wird die Eigenverantwortlichkeit dann besonders gefördert, wenn der Trainer und der Lehrer den „Lernpartner" direkt in den Lern- sowie Übungsprozess einbezieht.

Häufige Fehlerbilder

Anfänger zeigen bei der Aneignung des Schlagballwerfens häufig vergleichbare Fehlerbilder. Vielfach gelingt der Schlagwurf nicht mit dem „gesamten Körper", da „nur aus dem Arm" und nahezu ohne Hüft- sowie Schulterrotation geworfen wird. Dementsprechend bleibt der leistungsbestimmende Beschleunigungsweg ungenutzt. Darüber hinaus mangelt es häufig am technisch korrekten Timing des Bewegungsablaufs und Treffen des Abwurfzeitpunkts. Hierdurch geht die im Auftakt oder Anlauf aufgebaute Bewegungsbeschleunigung verloren.

Bewegungen korrigieren und variieren

Die optimale Bewegungsausführung des Schlagballwerfens kann durch *Bewegungskorrekturen, vielfältige Variationen der Bewegungsausführung* und *selbstständiges Experimentieren* geschult werden.

Übungsaufgaben zur Verbesserung der Anlaufbewegung

Impulsschritt an der Koordinationsleiter üben

Zur Verbesserung des Impulsschritts eignet sich die Koordinationsleiter. Der Sportler läuft mit dem Schlagball oder dem Gymnastikstab in der Wurfhand mit Impulsschritten über die Koordinationsleiter (Abstand: 2–3 m!). Bei Rechtswerfern überholt das rechte Bein dynamisch, flach und raumgreifend das linke Bein. Hierbei ist nicht nur die technisch korrekte räumliche Aufteilung entscheidend, sondern ebenso die zeitliche Rhythmisierung der letzten Schritte vor dem Abwurf. Dementsprechend erfolgen die beiden letzten Fußkontakte des 3-Schritt-Rhythmus nacheinander als schnelle flach ausgeführte Impulsschritte. Zwecks Herausstellung der typischen zeitlichen Struktur des 3-Schritt-Rhythmus eignen sich sprachliche Anweisungen („Liiiinks – Rechts – Links") oder rhythmisches Klatschen durch den Lehrer oder die Trainingsgruppe.

3-Schritt-Rhythmus akustisch begleiten

Übungsaufgaben zur Verbesserung der Abwurfbewegung

… den Schlagball richtig halten

Bei Anfängern können vielfach markante Fehler hinsichtlich *des Haltens* und *des Greifens des Schlagballs* beobachtet werden. Zum einen wird der Schlagball zu verkrampft oder zu „locker" gehalten („Hohle Hand"), zum anderen nur mit dem Daumen und dem Zeigefinger gegriffen. Bei derartigen Fehlerbildern kann die wiederholte Visualisierung und Erläuterung der technisch korrekten Grifftechnik hilfreich sein.

Wenn der Wurfarm im Ellbogengelenk zu sehr gebeugt und der Schlagball unmittelbar neben dem Kopf gehalten wird, dann sollte besonders das aktive nach hinten Führen des Wurfarms geschult werden. Dies kann durch den *Standwurf mit Partnerhilfe* erfolgen, indem das Wurfgerät dem Werfer von hinten in die ausgestreckte Hand gelegt wird (s. Abb. 22). Der Partner steht (weit) hinter dem Werfer und reicht den

… weites Ausholen mit Partnerhilfe

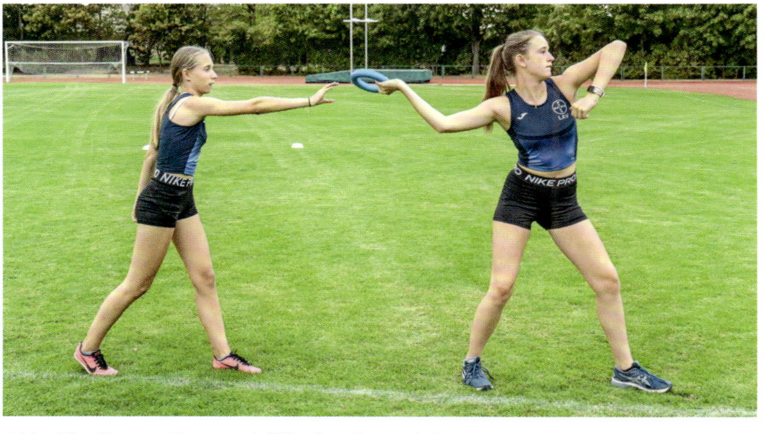

Abb. 22: Partnerübung mit Wurfgerät anreichen

Schlagball auf Schulterhöhe an. Der Werfer bekommt den Schlagball dann in die Hand gelegt, wenn die Bogenspannung aufgebaut ist, um das weite Ausholen des Wurfarms zu provozieren. Anschließend wird der Schlagball durch die explosionsartige Entladung der Bogenspannung des Körpers so weit wie möglich geworfen. Diese Übung zwingt den Anfänger, die technisch korrekte Schrittposition einzunehmen (Gegenbein vorn!).

Rückführung von Oberkörper und Wurfarm in die Wurfauslage

Zeigt der Anfänger während der Rückführung des Oberkörpers und des Wurfarms keine hinreichende Verwringung im Oberkörper, d. h. die Schulter- und Hüftachse sind nicht aufgedreht (Beschleunigungsweg geht verloren!), sollten zusätzliche Übungsaufgaben zur Schulung der *Körperdrehung zum im Ellbogengelenk gestreckten Wurfarm* angeboten werden. Geeignet sind Imitationsübungen der Wurfauslage und das „Eindrehen" gegen den Widerstand des Partners.

Serieller Einsatz Beine-Hüfte-Schulter-Arm

Vielfach setzen Anfänger den Oberkörper und den Wurfarm „überhastet" ein. Bei diesem Fehlerbild kann die technisch korrekte Abwurfbewegung durch das Üben des seriellen Einsatzes der Beine, der Hüfte, der Schulter und des Arms geschult werden.

Werfen auf hohe Ziele oder über Höhenorientierer

Wird der Wurfarm vergleichbar der Stoßbewegung seitlich und tief am Körper vorbeigezogen, helfen einerseits *Überkopfwürfe auf hohe Ziele*. Andererseits können spezielle Abwurfimitationen aus der Wurfauslage mit taktiler Hilfestellung eingesetzt werden (s. Abb. 22). Für die *Aneignung des optimalen Abflugwinkels* eignen sich Würfe über Höhenorientierer (z. B. gespanntes elastisches Sprungband). Die *Geradlinigkeit des Wurfs* kann mit hohen, schmalen Wurfzielen oder Wurfstäben geschult werden.

Variation der Bewegungsbedingungen

Das Üben unter veränderten Bewegungsbedingungen wirkt sich positiv auf die Aneignung und die Optimierung der Bewegungsgrundmuster aus.

Bewegungsbedingungen variieren

- Zielwürfe (Variation der Entfernung und Ziele)
- Gerätevariationen
- *Intensität*. Akzentuiert versus nicht akzentuierter Abwurf
- *Geschwindigkeit*. Schnell versus langsam
- *Rhythmus*. Hopserschritte

- *Amplitude der Ausholbewegung*. Im Ellbogengelenk gestreckter versus geringfügig gebeugter Wurfarm
- *Amplitude der Anlaufschritte*. Große versus kleine Schritte

Anregungen zum selbstständigen Experimentieren

Das selbstständige Experimentieren kann den individuellen Lernprozess unterstützen und die Bewegungstechniken stabilisieren.

Selbstständig experimentieren

- Fließende und rhythmische Bewegungsabläufe vermitteln.
- Mit stemmendem und nachgebendem vorderen Bein werfen.
- Unterschiedliche Geräte, Ziele und Aufgaben berücksichtigen (Gewichte, Entfernungen, Bewegungsumfang).
- Bei welcher Anlaufgeschwindigkeit gelingt der Schlagwurf am besten?

3.5 Lernen und Trainieren organisieren

Die im Folgenden angeführten Hinweise und Anregungen gelten für die Aneignung sowie die Optimierung des Schlagballwerfens.

Material

- Für erste Wurfaufgaben eignen sich in Form und Größe variierende Wurfgeräte (Übersicht s. Kap. 2.2).
- Als preisgünstige Schlagwurfbälle können (alte) aufgeschnittene Tennisbälle diesen, die mit Sand gefüllt und mit reißfestem Klebeband verschlossen werden.

Alternative Wurfgeräte

- *Flatter-* oder *Schweifbälle* lassen sich aus Tennisbällen und Baustellenband herstellen. Hierzu wird der Tennisball aufgeschnitten (Länge: ca. 1 cm) und das Baustellenband (Länge: ca. 40 cm) mit einem großen Knoten in den Schlitz gedrückt.
- Wurfgeräte mit unterschiedlichem Flugverhalten (z. B. Überschlag in der Luft) ermöglichen zum einen ein abwechslungsreiches Training, zum anderen erhalten Anfänger direkte Rückmeldungen über die Bewegungsausführung.
- Ziele an der Hallenwand markieren (z. B. Zielscheiben).
- Aus Hochsprungständern, Kastenteilen oder Gymnastikreifen lassen sich „Fenster“ konstruieren, durch die Gegenstände geworfen werden.

Sicherheit

Sicherheitsaspekte

- Hinweise zu den Sicherheitsmaßnahmen beim Schlagballwerfen findet der Leser in Kapitel 2.3.

Technik

- Beim vielfältigen Werfen sind drei zentrale Bewegungskriterien zu beachten:
  - Das Körpergewicht vom hinteren (Ausholen) auf das vordere Bein (Werfen) verlagern.
  - Wurf-Grobmuster. „Ausholen und Werfen“ (Ball nach vorn – Ball nach hinten – Wurf).
  - Den Oberkörper vor dem Abwurf zur Wurfarmseite aufdrehen und beim Abwurf zur Unterstützung des Armzugs nach vorn drehen.
- Den Wurfarm beim Ausholen auf Schulterniveau möglichst vollständig im Ellbogengelenk nach hinten strecken.
- Standwürfe: „Weite“ Schrittstellung, um das „Schieben auf das vordere Bein“ nicht zu begünstigen.

Technische Ausführung

- Den 3-Schritt-Rhythmus langsam und bewusst ausführen, damit sich das Gefühl für die technisch korrekte Wurfauslage mit Druck des rechten Beins über Hüfte, Oberkörper, Wurfschulter und Wurfarm ausbildet.
- Während der Schulung des 3-Schritt-Rhythmus ist zu beachten, dass das Gewicht zunächst nach hinten verlagert und anschließend über das vordere Bein „gestemmt“ wird.
- Beim 3-Schritt-Rhythmus muss der Sportler den Wurfarm hinten auf Schulterhöhe oder höher im Ellbogengelenk gestreckt halten. Der Gegenarm weist mit dem Zeigefinger in Wurfrichtung. Der vorletzte Schritt des rechten Beins (Rechtshänder) und der Abwurfschritt mit dem linken Bein erfolgen direkt nacheinander.
- Abwürfe als Schleuderbewegung (Seitlich vom Körper!) oder mit im Ellbogengelenk gestrecktem Arm (Über dem Kopf!) sollten frühzeitig korrigiert werden. Wichtigstes Kriterium ist die Führung der Wurfbewegung über das Ellbogengelenk. Der „vorauseilende Ellbogen“ stellt das charakteristische Merkmal des Schlagwurfs dar.
- Leichte Wurfgeräte steigern zwar die Bewegungsgeschwindigkeit. Hierdurch wird aber im Ellbogengelenk ein übermäßiger Gelenkanschlag erzeugt, der zu Verletzungen des Ellbogengelenks führen kann. Des Weiteren werfen Kinder und Jugendliche mit zu leichten Geräten nicht zwangsläufig weiter.

Methodik

Methodische Hinweise

- Würfe gegen die Hallenwand eignen sich aufgrund der kurzen Rückholzeiten der Bälle zur Realisierung großer Wiederholungszahlen.
- Im Anfängerbereich ist die zeitliche (z. B. „Tam-Ta-Tamm") und räumliche Strukturierung des Schlagwurfs vielfach hilfreich (z. B. Koordinationsleiter, Bodenmarkierung für den Fußaufsatz). Letzteres kann aber dazu führen, dass sich die Übenden zu sehr auf das „Hinschauen" konzentrieren.

3.6 Wettkämpfe

Pädagogisch orientierte Wettkampfformen

Die nachfolgend skizzierten *pädagogisch orientierten Wettkampfformen* dienen der allmählichen Hinführung des Anfängers zu normierten leichtathletischen Wettkampfformen des *Schlagballwerfens*.

Pädagogisch orientierte Wettkampfformen

- *Serienwürfe*. Gesamtweite aus drei Würfen (z. B. Stand, 3-Schritt-Rhythmus, verlängerter Anlauf; Ballgewicht: 80 g oder 200 g).
- *Rekordangriff*. Wie viele Schlagballwürfe werden zur Überbietung des Deutschen Rekords oder des Weltrekords benötigt?
- *Werfen als Teamwettkampf*. Jeweils fünf Sportler werfen mit fünf unterschiedlichen Geräten (z. B. 80-g-Ball, 200-g-Ball, Tennisball, Gymnastikball, Handball). Bewertet wird die Gesamtweite.
- *Steigerungswürfe*. Der jeweils nachfolgende Versuch muss weiter sein als der vorausgegangene (3–5 Versuche, feste Wurfzonen oder Markierungen mit Stecktafeln).

DLV Wettkampfsystem Kinderleichtathletik

Das *Schlagballwerfen* ist ebenso im offiziellen *DLV Wettkampfsystem Kinderleichtathletik* verankert (DLV, 2018; 2020).

DLV Wettkampfsystem Kinderleichtathletik

- In der Altersklasse U 8 (6–7 Jahre) wird der Schlagball, Wurfring und Wurfstab als Schlagwurf aus der Wurfauslage möglichst weit nach vorn geworfen.
- In der Altersklasse U 10 (8–9 Jahre) erfolgt das Werfen aus dem 3-m-Anlauf (3-Schritt-Rhythmus).

- In der Altersklasse U 12 (10 – 11 Jahre) wird aus mehreren Angeh- oder Anlaufschritten geworfen.

Die „Weitenpunkte" werden in den drei Altersklassen U 8 bis U 12 als Team gesammelt und die Teamwertungen in eine Rangfolge gesetzt. In der Altersklasse U 12 sind Einzelwertungen möglich (DLV, 2018; 2020).

Wettkampfbestimmungen

Der *Schlagball* (Gewicht: 70 – 85 g) wird in den Altersklassen U 8 bis U 12 und der 200-g-Wurfball in den Altersklassen U 14 sowie U 16 genutzt. Beide leichtathletischen Wurfgeräte bestehen entweder aus Leder oder Hartgummi.

Messen der Leistung

Messen der Leistung

Die Wurfweite wird senkrecht zur Abwurflinie, d. h. durch rechtwinkliges Fluchten von der Auftreffstelle bis zur Wurfrichtungslinie gemessen (s. Abb. 23). Die erzielte Weite wird auf halbe Meter abgerundet. Auf der Wurfanlage können zur besseren Orientierung kleine Weitentafeln oder Bodenmarkierungen (Kreide) eingesetzt werden.

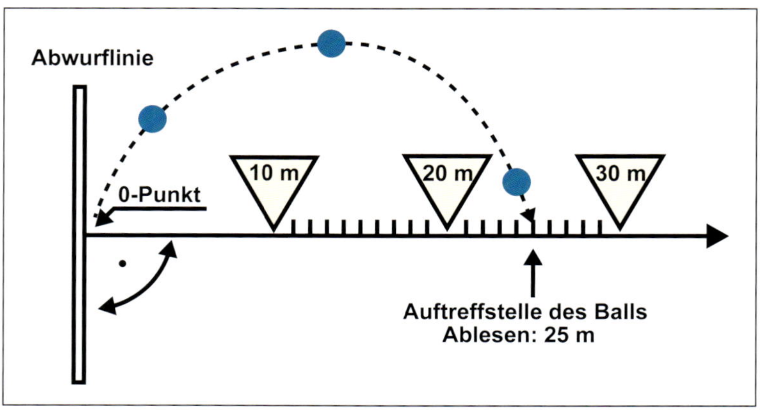

Abb. 23: Schlagballwurfanlage und Messvorgang (mod. nach Haberkorn & Plaß, 1992, S. 158)

Im Schulsport kann beim Schlagballwerfen zur Vereinfachung der Weitenmessung im Ausnahmefall (entgegen den offiziellen Wettkampfbestimmungen) derart gemessen werden, dass der jeweils weiteste Versuch mit einer Stecktafel markiert und erst am Ende des Wettkampfs ausgemessen wird.

Ungültige Versuche

Wenn die Abwurflinie während oder nach dem Abwurf überschritten wird.

3.7 Leseempfehlungen

Lese-empfehlungen

Bartonietz (2003) sowie Heinicke und Hütcher (2016) stellen für die Schulung des geraden Wurfs und des Schlagballwurfs in der Zeitschrift *Leichtathletiktraining* spezielle Bewegungsaufgaben und methodische Übungsreihen mit unterschiedlichen Wurfgeräten vor. Des Weiteren lesenswert sind die praxisorientierten Beiträge von Katzenbogner (1995, 2009), Oltmanns (2001a, b), Eberle (2010), Hütcher (2015) und Dreier (2017) in der Zeitschrift *Leichtathletiktraining*. Thematisiert werden für das Anfänger- und Fortgeschrittenentraining zahlreiche Wurfübungen und Variationsmöglichkeiten. Darüber hinaus findet der interessierte Leser in der Zeitschrift *Leichtathletiktraining* zwei informative Übersichten über die vielfältigen Einsatzmöglichkeiten verschiedenartiger Wurfgeräte und die Vorteile sowie Nachteile von Würfen mit leichten und schweren Gewichten (Bartonietz, 2009; Lehmann, 2016).

Kapitel

4

Speerwerfen

Den Speer als leichtathletisches Wurfgerät kennzeichnen im Vergleich zum Schlagwurfball sowohl die veränderten Geräteeigenschaften und die speziellen aerodynamischen Voraussetzungen als auch die größeren Anforderungen an die Bewegungskoordination. Des Weiteren vermitteln weder der Schlagwurfball noch die Kugel dem Sportler ein derart direktes und eindeutiges Feedback über die Bewegungsausführung sowie die Bewegungsqualität wie der Speer.

4.1 Voraussetzungen schaffen

Erste Erfahrungen mit der Speerwurftechnik vermitteln die in Kapitel 2.1 und 2.2 dargestellten allgemeinen Wurfübungen mit verschiedenen Wurfgeräten (z. B. Steine, Schlagbälle, Stöcke, Gummistäbe). Durch das Werfen aus den Beinen über die Hüfte, die Schulter und den Wurfarm wird die Übertragung des Beschleunigungsimpulses vom Körper des Sportlers auf das Wurfgerät geschult. Bevor der Anfänger den Speer als leichtathletisches Wurfgerät verwenden kann, muss dieser die Übungen zum Schlagballwurf beherrschen (z. B. Standwürfe, Würfe aus der Wurfauslage und dem 3-Schritt-Rhythmus, s. Kap. 3).

Langer Speer versus runder Ball

Für den Speerwerfer bedingt die bauliche Beschaffenheit des Speers im Vergleich zum Schlagball – lang statt rund – erhöhte technisch-koordinative Anforderungen. Im Einzelnen lässt sich der Speer aufgrund der speziellen aerodynamischen Eigenschaften deutlich schlechter kontrollieren. Aus diesem Grund sollte das Speerwerfen zunächst vereinfacht aus dem Anlauf und dem 3-Schritt-Rhythmus ohne zurückgeführten Wurfarm erfolgen. Bevor mit der Gewöhnung an das neue Wurfgerät mittels der spezifischen Speergymnastik und den sogenannten Speer-ABC-Übungen begonnen wird, müssen Anfänger umfassend über die Sicherheitsaspekte informiert werden (s. Kap. 2.3 u. 4.5).

Speergymnastik

Als Vorbereitung auf das Speerwerfen bietet sich neben generellen Aufwärmübungen die spezielle *Speergymnastik* unter Einbezug des Speers an (Haberkorn & Plaß, 1992). Die gymnastischen Speerübungen dienen zum einen der Gerätegewöhnung, zum anderen der Dehnung und der Mobilisation, um die für das Speerwerfen notwendige spezielle Bewegungsamplitude auszubilden.

- *Beidhändige Vorführung und Rückführung des Speers über den Kopf*. Je enger die Griffweite, desto größer die Dehnung!

Speergymnastik

- *Rumpfbeugen*. Den Speer vor sich stellen und die Schulterachse langsam nach unten drücken.
- *Ausschultern*. Den Speer im Ristgriff von vorn über die linke Kopfseite hinter den Rücken und über die rechte Kopfseite zurückführen (s. Abb. 24).

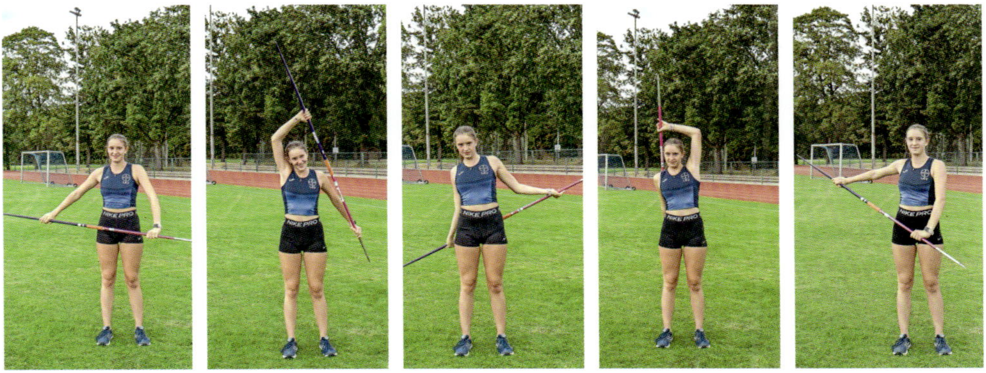

Abb. 24: Ein- und Ausschultern mit dem Speer

- *Am Speer herunterhangeln*. Den Speer hinter sich stellen, langsam am Speer herunter und wieder hoch hangeln.
- *Oberkörperdrehung*. Den Speer in den Nacken legen und den Oberkörper dynamisch drehen.
- *Ziehen und Stauchen*. Den Speer in der Hochhalte versuchen „auseinanderzuziehen“ oder „ineinanderzuschieben“.

Speer-ABC

Für die Aneignung des Anlaufs mit dem Speer – zyklische und azyklische Bewegungsabschnitte – können die Übungen des Sprint-ABC und des Sprung-ABC in Verbindung mit dem Speer verwendet werden, jedoch ohne dass Anfänger die abschließende Wurfbewegung ausführen. Die Wurfhand befindet sich in den *Speer-ABC-Übungen* entweder über der Wurfschulter oder der Wurfarm wird im Ellbogengelenk gestreckt nach hinten gehalten. Zahlreiche abwechslungsreiche Übungsbeispiele findet der Leser bei May (2011).

Speer-ABC

- *Fußgelenkarbeit*. Frontal oder seitlich
- *Skipping und Kniehebelauf*. Frontal oder seitlich
- *Kreuzschritte*. Im Gehen oder Laufen (s. Abb. 25)
- *Seitliche Nachstellhüpfer*. Mit oder ohne Kreuzen

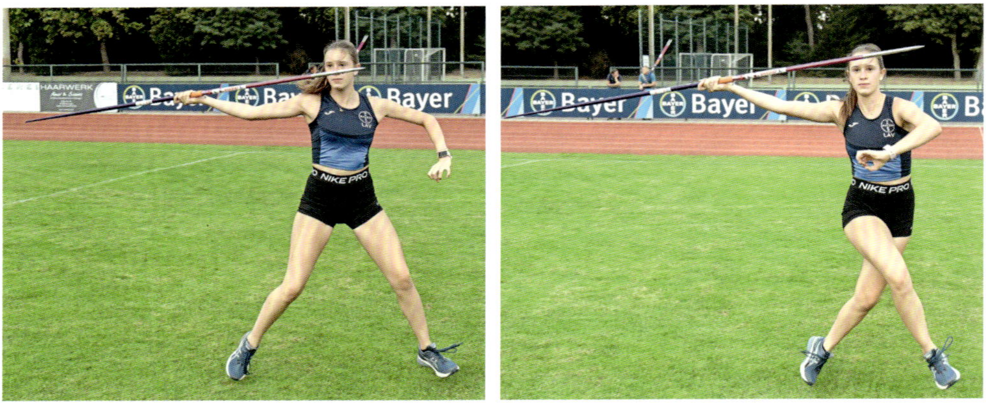

Abb. 25: Speer-ABC: Kreuzschritte im Laufen

Durch die Veränderung der Ausführungsbedingungen ergeben sich vielfältige Variationsmöglichkeiten (z. B. langsames oder schnelles Bewegungstempo, Wechsel der Speerhaltung, Streckenlänge).

4.2 Grundlegende Technikmerkmale erkennen

Griffarten beim Speerwerfen

Beim Speerwerfen dominieren drei generelle Griffarten (s. Abb. 26), bei denen der Zeigefinger hinter der Wicklung aufliegt und der im Ellbogengelenk gestreckte Wurfarm nach „hinten-oben“ gehalten wird. Beim weit verbreiteten *Daumen-Zeigefinger-Griff* greift der Sportler den Speer mit dem Daumen und dem Zeigefinger fest hinter der Wicklung. Die verbleibenden Finger umfassen die Wicklung seitlich. Beim *Daumen-Mittelfinger-Griff* fassen der Daumen und der Mittelfinger den Speer hinter der Wicklung, während der Zeigefinger nach hinten stabilisiert. Der *Zangengriff* – Speer wird zwischen Zeige- und Mittelfinger gehalten – kommt nur selten zum Einsatz.

Griffarten

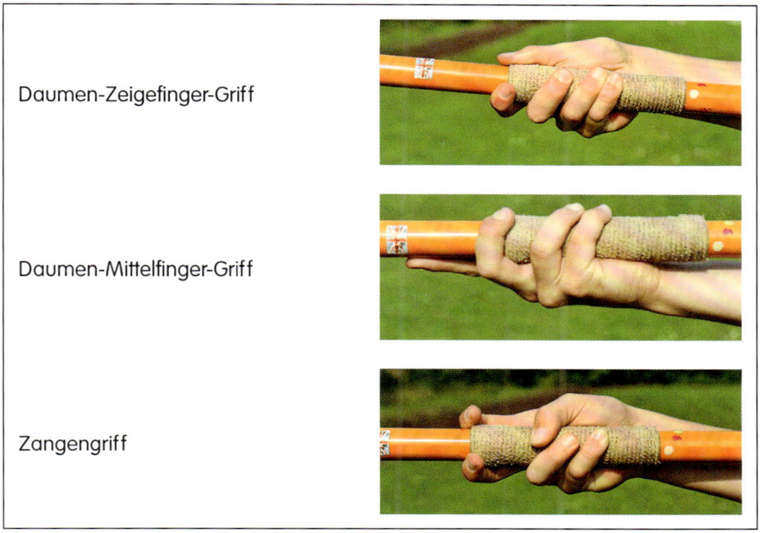

Abb. 26: Griffarten beim Speerwerfen

Halten des Speers

Der Speer wird unabhängig von der Griffhaltung körpernah und mit im Ellbogengelenk gestrecktem Wurfarm „locker“ über Schulterhöhe in Wurfrichtung getragen (Insbesondere die Spitze!). Die Wurfhand ist nach innen gedreht (Daumen unter den Speer!). Der Oberkörper verwringt sich derart, dass beim Rechtswerfer die Gegenschulter, die linke Hüfte und der Kopf in Wurfrichtung sowie die Speerspitze geringfügig nach oben zeigen. Während des Anlaufs verändert sich der Anstellwinkel des Speers nicht.

Insgesamt stimmen die einzelnen Bewegungsphasen des Speerwurfs mit denen des Schlagballwurfs überein (s. Kap. 3.2): Zyklische und azyklische Anlaufphase mit Wurfauslage, Abwurfphase und Umspringen am Ende des Wurfs (s. Abb. 27). Im Folgenden wird die Speerwurftechnik für den Rechtswerfer beschrieben.

Anlaufphase

Zyklischer Anlaufteil (6–8 Schritte)

Der Anlauf gliedert sich in den zyklischen und azyklischen Teil. Im *zyklischen Anlaufteil* (Frontaler Anlauf bis zur Speerrücknahme!) wird das System „Athlet-Speer“ durch den zügigen und rhythmischen Stei-

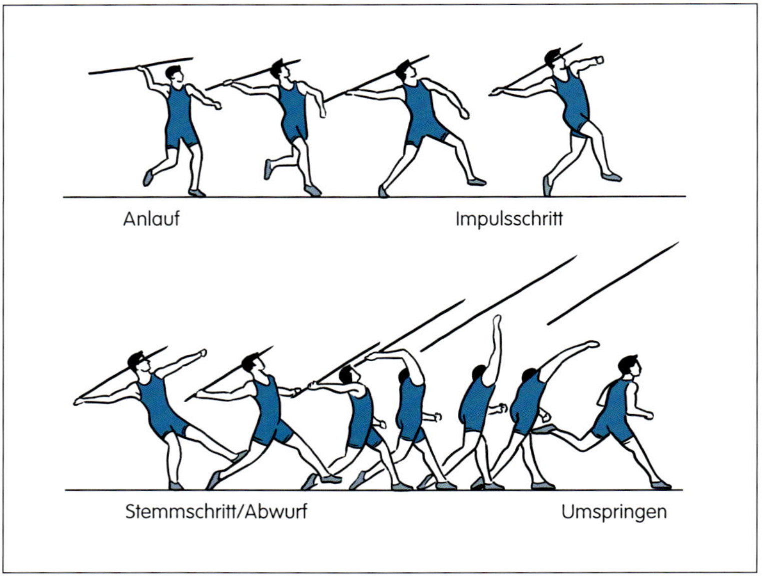

Abb. 27: Speerwurf aus dem Anlauf mit 3-Schritt-Rhythmus

gerungslauf vorbeschleunigt (6–8 Schritte). Zur Vorbereitung auf den Übergang zur 2. Anlaufphase führt der Rechtswerfer die Laufschritte „links akzentuiert" aus. Der Speer wird über Schulterhöhe und parallel zum Boden mit geringer Neigung der Speerspitze getragen. Das gebeugte Ellbogengelenk zeigt nach vorn und die Schultergelenke geben der Laufbewegung nach.

Azyklischer Anlaufteil

Der Sportler führt den Speer während des *azyklischen Anlaufteils* zurück und bereitet die Abwurfposition vor. Die Schritte erfolgen nicht frontal, sondern seitlich. Der Speer wird mit dem *5-Schritt-Rhythmus* (oder 7-Schritt-Rhythmus) über die Speerrückführung – zentrale Schaltstelle für den Übergang vom frontalen zyklischen zum azyklischen Anlaufteil – und den Impulsschritt in die Wurfauslage geführt.

Speerrückführung (1.–3. Schritt)

Die *Speerrückführung* erfolgt geradlinig neben dem Kopf. Die Bewegung beginnt beim Rechtswerfer mit dem akzentuierten Aufsetzen des linken Fußes *(1. Schritt)* und endet mit dem 2. oder 3. Schritt. Während des *2. und 3. Schritts* führt der Sportler den Speer nach hinten. Hierbei sollte sich die Speerspitze nicht über Kopfhöhe befinden. Der Körper des Athleten dreht solange nach rechts, bis die linke Schulter und der linke Arm in Wurfrichtung zeigen. Der Wurfarm wird im Ellbogengelenk gestreckt und die Wurfhand nach oben aufgedreht (s. Abb. 27).

Impulsschritt (4. Schritt)

Der *4. Schritt* erfolgt als *Impuls-* oder *Kreuzschritt*, der mit dem nach rechts ausgedrehten rechten Bein flach und schnell nahe am Körper nach vorn realisiert wird. Bevor das rechte Bein auf den Boden aufsetzt, wird dieses vom linken Bein in der „Luft" überholt (Doppelter Beinwechsel!). Der *Körperschwerpunkt* befindet sich über dem im Kniegelenk gebeugten rechten Bein und der Oberkörper in der Rücklage. Der *Wurfarm* wird hinter dem Körper des Sportlers über Schulterhöhe gehalten. Der Speer, die Hüftachse und die Schulterachse verlaufen annähernd parallel. Der Impulsschritt ist Teil des grundlegenden 3-Schritt-Rhythmus, der aus der Schrittfolge „Links – Überholen mit Rechts (Impulsschritt) – links (Stemmschritt)" besteht. Die *Anlaufgeschwindigkeit* wird bis zum Impulsschritt kontinuierlich gesteigert.

Beine überholen Oberkörper

Stemmschritt (5. Schritt)

In der *Wurfauslage* werden der *Stemmschritt* (*5. Schritt*, linkes Bein) und die *Bogenspannung des Oberkörpers* vorbereitet. Beim kürzeren Stemmschritt wird das linke Bein möglichst schnell, gerade und flach zum Boden aufgesetzt. Die Bogenspannung wird durch die Druckarbeit mit dem rechten Knie und der rechten Hüftseite gegen die fixierte linke Körperseite aufgebaut. Hierbei dient die linke Schulter als Widerlager. Das bewusste Zurückhalten des Wurfarms, das Eindrehen der Schulter und des Ellbogens nach „vorn-oben" erhöhen den Spannungsaufbau und erzeugen die optimalen Abwurfbedingungen.

Abwurfphase

Abwerfen

Die Kniestreckung des rechten Beins (Druckbein) und insbesondere das schnelle Aufsetzen des linken Fußes auf den Boden leiten den *Abwurf des Speers* ein. Das Stemmbein sollte möglichst stabil stehen und im Kniegelenk annähernd gestreckt sein. Die Anspannung und die Blockade der linken Körperseite (Rechtshänder) sowie das lange Zurückhalten des Wurfarms unterstützen den Aufbau der Bogenspannung des Körpers. Den *Speerabwurf* kennzeichnen die peitschenartige über Kopfhöhe nach vorn schnellende geradlinige Arm-Handbewegung und das „Nachschlagen" der Wurfhand (Abkippen der Hand im Handgelenk in Wurfrichtung!). Die Wurfhand gibt den letzten Impuls auf den Speer.

Das (beim Rechtswerfer) rechte Druckbein wird zum Nachziehbein und hebt nach dem Speerabwurf vom Untergrund ab („Schleifkontakt"). Das vordere Stemmbein bleibt solange im Kniegelenk gestreckt, bis der Speer die Hand verlässt. Die rechte Schulter befindet sich über dem linken Fuß (Wurfdiagonale). Insgesamt sollte der Speer seitlich von der Anlauf- und Wurfrichtung möglichst gering abweichen. Wird der Speer im Abwurf exakt „getroffen", kann der Speer während des Flugs lediglich als Punkt wahrgenommen werden. Der *Abflugwinkel des Speers* liegt zwischen 30° und 35° und der *Anstellwinkel* zwischen 35° und 40°. Die Winkelangaben schwanken in Abhängigkeit von den Windverhältnissen und der Abfluggeschwindigkeit. Im Idealfall beträgt der Unterschied zwischen Anstellwinkel und Abflugwinkel < 5°.

Abflugwinkel 30°–35°

Anstellwinkel 35°–40°

Abfang- und Umsprungphase

Die Abfangphase dient dem Abbremsen der nach dem Abwurf vorhandenen Restgeschwindigkeit des Sportlers. Nachdem der Speer die Hand verlassen hat, gelangt der Athlet durch den Schritt in Wurfrichtung oder den Nachstellschritt in den sicheren Stand. Das Umspringen auf das sich im Kniegelenk beugende rechte Bein senkt den Körperschwerpunkt ab und verhindert das Übertreten der Abwurfmarkierung.

Abfangen und Umspringen

4.3 Techniken aneignen, variieren und optimieren

Voraussetzung für die Aneignung des Speerwurfs sind vielfältige Wurferfahrungen unter Berücksichtigung des geraden Wurfs (Schlagwurf, s. Kap. 3.1). Aus diesem Grund sollten Anfänger den Schlagballwurf aus dem 5-Schritt-Rhythmus mit im Ellbogengelenk gestrecktem Wurfarm beherrschen. Anschließend können die Elementarübungen erweitert (z. B. gerader Wurf aus dem Stand mit dem Speer) und die Gesamtbewegung ausgeführt werden (Speerwurf aus dem Anlauf). Die Gewöhnung an den Speer beginnt mittels spezieller Trageübungen und einfacher Würfe aus dem Stand. Schwerpunkte sind das „Treffen" des Speers, das Werfen mit zurückgeführtem Wurfarm und die Gestaltung des dynamischen 3-Schritt-Rhythmus. Zu den wesentlichen Bewegungskriterien zählen nach Oltmanns (2008) und Looks (2012):

- *Zyklischer Anlauf* mit zunehmender Laufgeschwindigkeit.
- *Impulsschritt*. Die Beine „laufen dem Körper und dem Wurfarm davon". Die Landung erfolgt mit dem Körperschwerpunkt über dem Druckbein. Das Stemmbein überholt das Druckbein vor dem Bodenkontakt.
- *Einleitung der Abwurfbewegung*. Dieser Bewegungsabschnitt beginnt mit der Vorwärtsbewegung des Druckbeins. Der Einsatz des im Ellbogengelenk gestreckten, schulterhohen Wurfarms wird verzögert, um die Körpervorspannung aufzubauen.

Wesentliche Bewegungskriterien

- *Weiterführung der Abwurfbewegung*. Das Ellbogengelenk wird gebeugt und neben dem Kopf unter den Speer geführt.

- *Abwurf*. Der Wurfarm wird zur Übertragung der Körperenergie auf den Speer peitschenartig nach vorn geführt.

Methodische Leitlinien zur Aneignung der Speerwurftechnik

Bewegungszergliederung „von der Mitte nach außen"

Die Schulung des Speerwerfens orientiert sich vergleichbar dem Schlagballwurf an der *hierarchischen Funktionsphasengliederung* nach Göhner (1975; 1979, s. Kap. 2.2). Hiernach wird der Speerwurf entsprechend der Bedeutung der Teilabschnitte für das Erreichen des Bewegungsziels von der Bewegungsmitte nach außen zergliedert. Der *Abwurf* stellt die *funktional unabhängige Hauptfunktionsphase* dar, die durch die beiden *funktional abhängigen Hilfsfunktionsphasen – azyklische* und *zyklische Anlaufphase* – unterstützt wird. Ausgehend von der „Bewegungsmitte" (Abwurf) wird der Hauptfunktionsphase die vorbereitende Hilfsfunktionsphase – azyklischer Anlauf – vorgeschaltet. Anschließend wird der zyklische Anlaufteil durch die *Veränderung der variablen Bewegungsparameter* (Erleichterung der situativen Bedingungen) erarbeitet. Eine besondere Bedeutung kommt den *Vereinfachungsprinzipien der Verkürzung der Bewegungslänge* (Reduzierung der Bewegungskomplexität) und der *Unterstützung der nicht veränderbaren Bewegungsmerkmale* zu (Unterstützung der Bewegungsorganisation s. Bd. 1, Kap. 1.3). Folgende methodische Leitlinien erscheinen sinnvoll.

Vereinfachungsprinzipien

- Im Vordergrund steht die Übung des peitschenartigen Abwurfs.

Leitlinien zur Aneignung des Speerwerfens

- Die ersten Übungswürfe erfolgen aus dem Stand und schulen das Speerhandling und die *Übertragung des Beschleunigungsimpulses vom Körper des Athleten auf den Speer.*

- Abwürfe aus verkürztem Anlauf (3 Schritte) mit Akzentuierung des Impulsschrittes vermitteln Anfängern erste Erfahrungen hinsichtlich der Umsetzung der Anlaufgeschwindigkeit in den Abwurf.

- Bei den Anlauf-Abwurf-Übungen wird die Übertretung der Abwurflinie nicht bewertet.

- Die Steigerung der motorischen Anforderungen erfolgt durch die Verlängerung des Anlaufs und die Optimierung des azyklischen Anlaufteils.

Der methodische Einstieg in das Speerwerfen lässt sich folgendermaßen gliedern.

Methodische Übungsreihe

Speergewöhnung (Halten, Tragen, Sicherheitsaspekte)
Standwürfe als Steckwürfe und Bogenwürfe
Standwürfe aus der Wurfauslage
Werfen aus einem Schritt
Werfen aus dem 3-Schritt-Rhythmus
Werfen aus zwei Anlaufschritten und dem 3-Schritt-Rhythmus
Werfen aus dem 5-Schritt-Rhythmus mit und ohne Speerrückführung
Verlängerung des Anlaufs

Standwürfe als Steck- und Bodenwürfe

Standwurftechnik erarbeiten

Das Werfen aus dem Stand schult insbesondere die „schlagende" Abwurfbewegung *(1. Übungsschritt)*. Die Würfe erfolgen zunächst ohne Ausholbewegung aus der frontalen Schrittstellung, indem der Wurfarm über Kopf mit im Ellbogengelenk gebeugtem Arm gehalten wird. Im *2. Übungsschritt* wird die Ausholbewegung vorgeschaltet, indem der Athlet den Wurfarm im Ellbogengelenk gestreckt zurückhält. In der Ausgangsstellung befinden sich das Gegenbein vorn, das Körpergewicht auf dem hinteren Bein, der im Ellbogengelenk gestreckte Wurfarm auf Schulterhöhe und die Speerspitze auf Stirnhöhe. Die Hüft-, Schulter- und Speerachse verlaufen annähernd parallel. Im *3. Übungsschritt* werden die Würfe aus der Wurfauslage realisiert (Körperverwringung). Die Würfe können auf Ziele, in Zonen oder auf Weite erfolgen.

Steckwurf und Bogenwurf

- *Steckwürfe*. Aus geringer Entfernung (Abstand: 6–12 m) den Speer in den Boden oder auf bodennahe Ziele werfen (z. B. Pappkartons, Gymnastikreifen). Der Speer sollte im Ziel stecken bleiben und das Speerende zum Werfer zeigen (s. Abb. 28).
- *Bogenwürfe*. Den Speer mit einem Abflugwinkel von ca. 40° abwerfen (s. Abb. 28).

In Abhängigkeit vom individuellen Lernfortschritt muss beachtet werden, dass Anfänger die Standwürfe nicht zu lange üben, sondern allmählich in das Werfen aus dem Anlauf überwechseln (Scherer, 2001; Oltmanns, 2008).

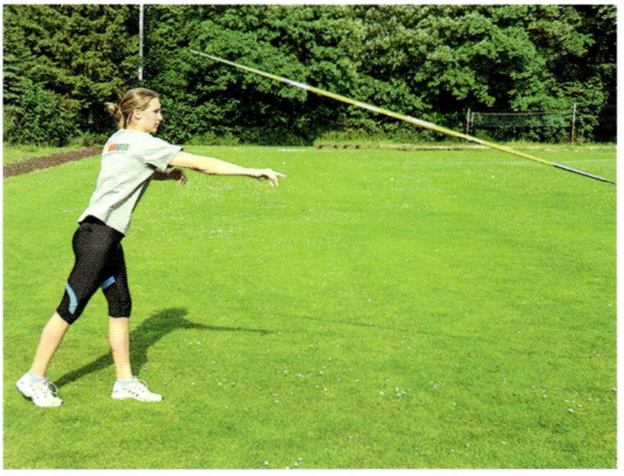
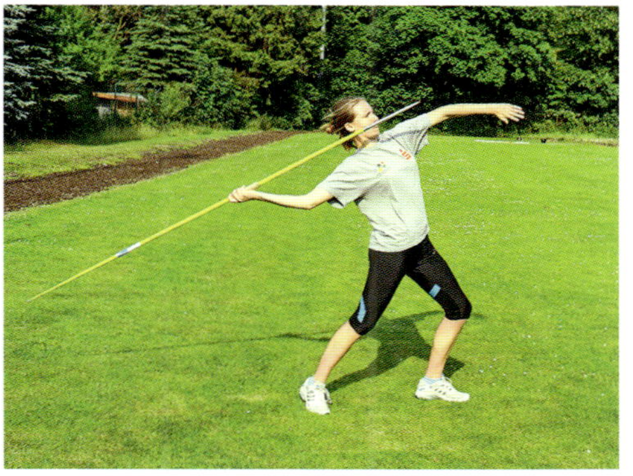

Abb. 28: Steckwurf (links) und Bogenwurf (rechts)

Erarbeiten der grundlegenden Standwurftechnik

Werfen aus dem Stand

Standwürfe aus der Wurfauslage können in der Ausholphase gegen den geringen Zugwiderstand durch den Partner (Lehrer) ausgeführt werden. Nach mehreren „Abwurfimitationen“ lässt der Partner den Speer los, so dass der Abwurf erfolgen kann (s. Abb. 29). Bei dieser Übung sollte auf die Wurfauslage, die Bogenspannung des Körpers, den Zug mit „Unterarmschleuder“ und den Stemmbeineinsatz geachtet werden. Die grundlegenden Standwürfe beginnen mit der „Eindrehung“ des Druckbeins. Hiernach wird der „lange“ Wurfarm im Ellbogengelenk gebeugt (Deutliches Vorbringen des Ellbogengelenks!) und anschließend peitschenartig in Wurfrichtung gestreckt. Der Abwurf erfolgt über den Hebel des Stemmbeins. Abschließend muss die standsichere Schrittstellung durch das Gegenhalten der linken Körperseite erreicht werden.

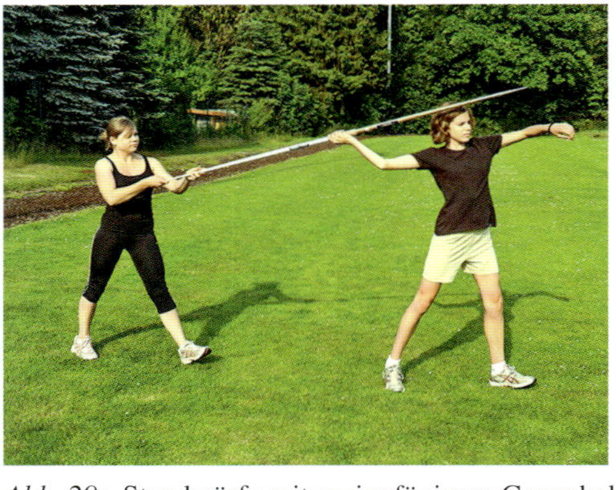
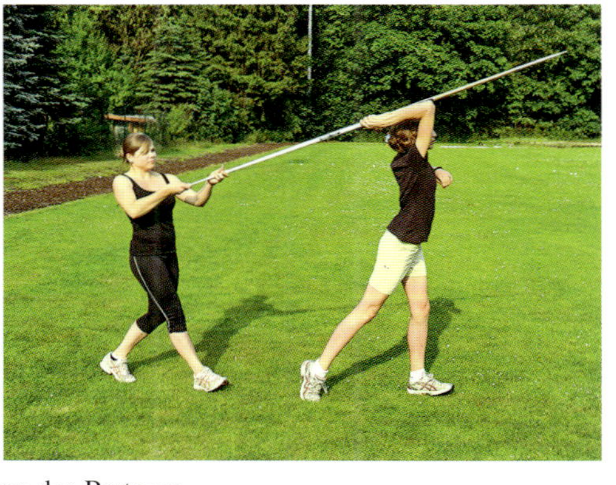

Abb. 29: Standwürfe mit geringfügigem Gegenhalten des Partners

Werfen aus einem Schritt

Werfen aus einem Schritt

Das Werfen aus einem Schritt dient dazu, dem Anfänger die technisch korrekte Speerhaltung und die Bogenspannung des Körpers zu verdeutlichen (s. Abb. 30). Das Stemmbein wird über das Druckbein (Rechtshänder: Rechtes Bein) flach und schnell nach vorn gesetzt. Insgesamt erfolgt die Bewegungsausführung vergleichbar zum Standwurf.

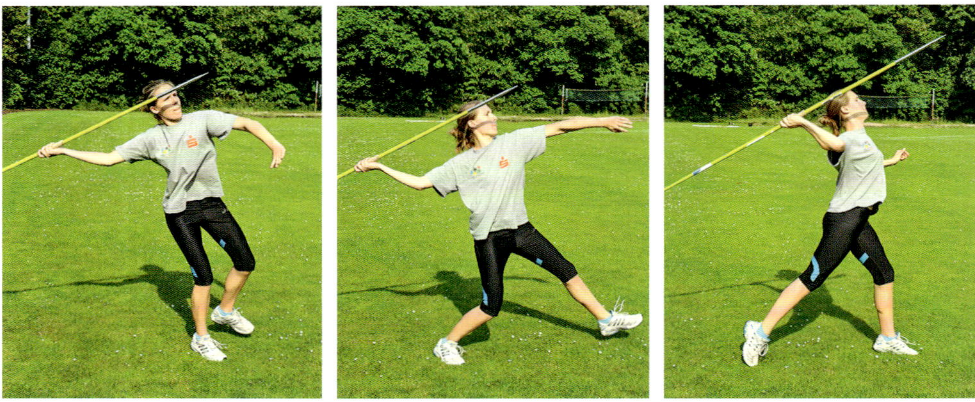

Abb. 30: Wurf aus einem Schritt

Werfen aus dem 3-Schritt-Rhythmus

Wurf aus 3-Schritt-Anlauf

Rechtshänder werfen mit der Schrittfolge „Links – Rechts – Links“ mit Akzentuierung des vorletzten Schritts (Impulsschritt). Der 1. Schritt setzt schräg über die ganze Fußsohle auf, der 2. Schritt ausschließlich über den Fußballen und der 3. Schritt aktiv-schnell über die Ferse. Der Speer befindet sich mit zurückgeführtem Wurfarm und aufgedrehter Schulter in der Ausgangsstellung, so dass der Athlet den im Ellbogengelenk gestreckten Wurfarm und die geringfügig nach oben zeigende Speerspitze visuell überprüfen kann (s. Abb. 31).

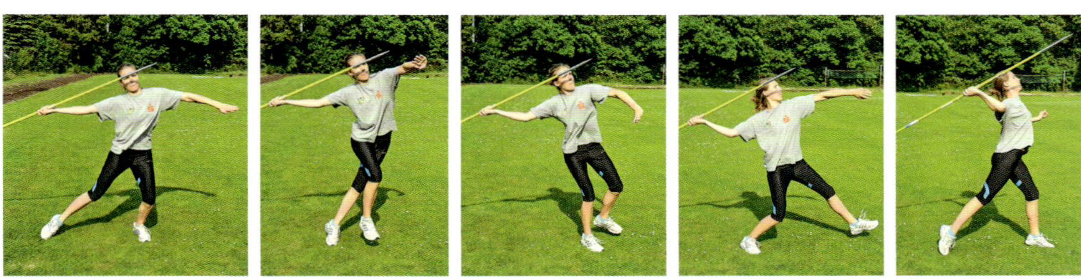

Abb. 31: Wurf aus dem 3-Schritt-Anlauf

Impulsschritt

Akustische oder räumliche Vorgaben

- Mit Hilfe der akustischen Rhythmusunterstützung durch den Trainer („Liiiinks – Rechts – Links" oder „Ta – Tatam") überholen die Beine während des Impulsschritts den Oberkörper. Hierbei muss besonders das schnelle Aufsetzen der letzten beiden Schritte beachtet werden („Tatam"; Keine Pause!). Der letzte Schritt erfolgt aktiv-schnell über die Ferse.
- Räumliche Vorgaben des Impulsschritts durch „Fußspuren" oder Kreislinien begünstigen den flachen Impulsschritt (s. Abb. 32).

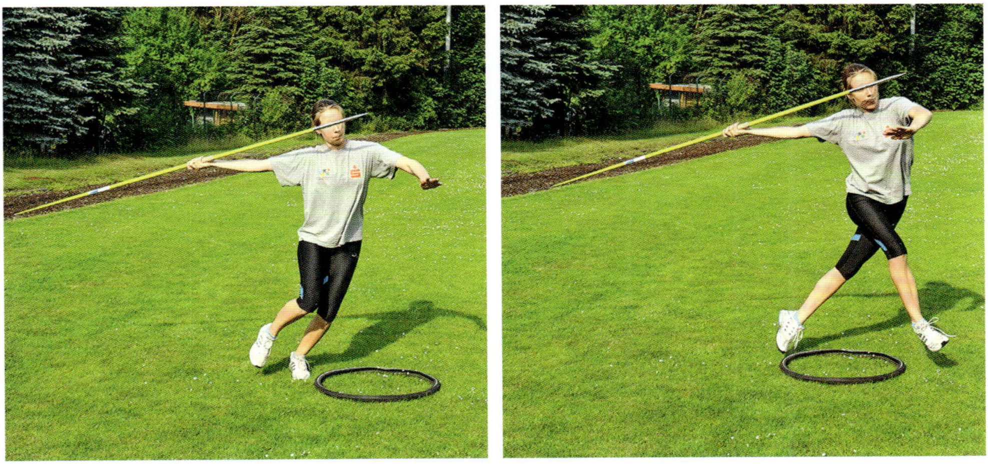

Abb. 32: Gymnastikreifen als räumliche Vorgabe für den Impulsschritt

- Vorgaben für den Impulsschritt (über die „Gasse") mit maximalem Überholen des rechten Fußes. Die Gassenbreite orientiert sich an der Körpergröße und dem individuellen Leistungsniveau. Die Bewegung erfolgt mit stabiler Oberkörperhaltung flach nach vorn (Der Wurfarm bleibt hinten!).
- Ohne Aufsatz des Stemmbeins (Schnelles Vorbringen des linken Beins, kurz über dem Boden stoppen und nicht aufsetzen!) in der Wurfauslage verweilen und den Körperschwerpunkt über dem Druckbein kontrollieren.

Bei den vorgestellten Übungen ist auf den flachen Abdruck während der Impulsschritte, das schnelle Bodenfassen mit dem Druckbein, den flachen Aufsatz des Stemmbeins und die Geschwindigkeitssteigerung bis zum Abwurf zu achten. Im Verlauf des Übungsprozesses kann die Schrittanzahl allmählich gesteigert werden (s. Abb. 33).

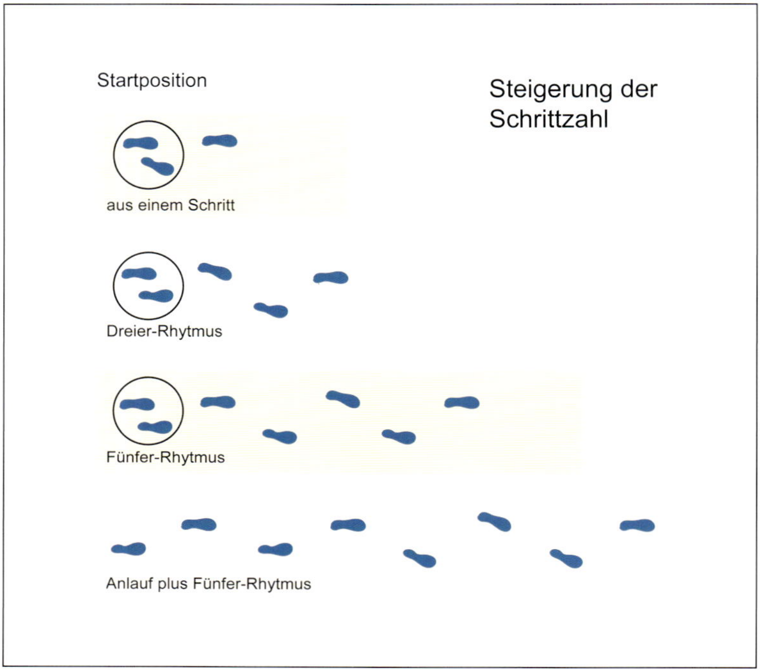

Abb. 33: Steigerung der Schrittanzahl: Aus einem Schritt zum 5-Schritt-Rhythmus mit zwei Auftaktschritten

Steigerung der Schrittanzahl

Werfen aus zwei Auftaktschritten und dem 3-Schritt-Rhythmus

- In der Ausgangsposition („langer" Wurfarm!) wird der *1. Schritt* mit dem linken Bein in frontal ausgerichteter Körperposition gesetzt und während des *2. Schritts* der Oberkörper zur Wurfarmseite gedreht. Die *nachfolgenden Schritte* gleichen dem 3-Schritt-Rhythmus.
- Würfe mit „langem" Wurfarm in der Ausgangsposition (keine Speerrückführung!).
- Zunächst im Gehen und Traben, anschließend mit dynamischen Schrittfolgen ohne Abwurf bis in die Wurfauslage. Der Körperschwerpunkt befindet sich über dem hinteren rechten Bein (Rechtswerfer).
- Im Gehen und Traben mit im Ellbogengelenk gestrecktem Wurfarm und Abwurf.
- Sukzessive Verlängerung des Anlaufs in Stufen von jeweils zwei Anlaufschritten.

Mit Auftaktschritten Anlauf verlängern

- Unterschiedliche Vorgaben (z. B. Ziele, Zonen, Wurfweite).
- Akustische Signale für den technisch korrekten Fußaufsatz.
- Bei „ruhiger" Speerhaltung allmähliche Temposteigerung bis zum Abwurf.

Werfen aus dem 5-Schritt-Rhythmus mit und ohne Speerrückführung

Der 1. Schritt erfolgt in frontal ausgerichteter Körperposition mit dem linken Bein. Während des 2. Schritts nimmt der Oberkörper die seitliche Position ein und der Wurfarm wird entgegen der Wurfrichtung in Schulterhöhe nach hinten geführt (Speerrückführung).

5-Schritt-Rhythmus mit Speerrückführung

- Wechsel der Speer-Tragehaltung und der Speerrückführung im Stand, Gehen und Traben mit Eindrehung der Hüfte und des Arms.
- Speerrückführung im 5-Schritt-Rhythmus mit akzentuierter Eindrehung der Hüfte und des Arms ohne sowie mit Abwurf.
- Speerrückführung im 5-Schritt-Rhythmus mit zwei Schritten Auftakt mit und ohne Abwurf.
- Verlängerung des Anlaufs.

4.4 Fehler erkennen und Übungsaufgaben entwickeln

Für das Speerwerfen zeigen sich bei Anfängern vergleichbare Fehlerbilder wie für das Schlagballwerfen (s. Kap. 3.4), das Schleuderballwerfen und das Diskuswerfen (s. Kap. 5.4). Vielfach gelingt es nicht, den Wurf mit dem „gesamten Körper" zu realisieren, da „ausschließlich aus dem Arm" und mit geringer Hüft- und Schulterrotation geworfen wird. Des Weiteren fehlen das technisch korrekte Timing hinsichtlich der Bein- und Wurfarmbewegung sowie des Abwurfzeitpunkts und des Abflugwinkels. Hierdurch reduziert sich die im Auftakt und Anlauf aufgebaute Speerbeschleunigung. Für den Anlauf, die Wurfauslage und den Abwurf des Speerwerfens benennt Fuchser (2008) folgende zentrale Fehlerbilder.

Hauptfehler

- *Anlauf*. Der Speer wird zu weit vom Körper gehalten, der Wurfarm ist angewinkelt und die Schulter wird nicht zurückgenommen.
- *Wurfauslage*. Der Wurfarm wird tief gehalten und im Ellbogengelenk gebeugt.

- *Abwurf*. Anfänger halten den Speer schräg (Speerspitze weicht zur Wurfarmseite aus), so dass der gerade Armzug in Wurfrichtung verhindert wird. Des Weiteren fehlen der dynamische Hüfteinsatz und die Stemm- sowie Hebefunktion der linken Körperseite. Vielfach wird der Speer zu steil getragen (nicht parallel mit Schulterachse) und das Handgelenk abgeknickt.

Bewegungen korrigieren und variieren

Die Übungsaufgaben für das Speerwerfen sollten folgende Aspekte berücksichtigen. Zum einen kann die optimale Bewegungsausführung durch *Bewegungskorrekturen* geschult werden. Zum anderen fördern die *Variation der Bewegungsausführung* und das *selbstständige Experimentieren* die Aneignung sowie die Optimierung des Speerwerfens.

Übungsaufgaben zur Verbesserung der Anlaufbewegung

Azyklischer Anlauf mit Impulsschritt

Anfänger führen den Nachstellschritt vielfach mit einem *Impulshopser* aus, der den Verlust des Stemmbeineinsatzes bedingt. Bei diesem Fehlerbild sind *Impulsschrittläufe* förderlich (raumgreifende Schritte mit Überkreuzen der Beine im Flug!). Das Aufsetzen des Druck- und Stemmbeins erfolgt mit dem Rhythmus „Lang – Kurz“. Darüber hinaus bieten sich in Reihe *ausgeführte Imitationsübungen* an, bei denen die Wurfauslage aus dem 3-Schritt-Rhythmus wiederholt angehalten und die Position des Körperschwerpunkts über dem Druckbein kontrolliert wird. Der Athlet sollte die Übungen derart realisieren, indem das Stemmbein nach vorn geführt, aber nicht aufgesetzt wird. Hierdurch wird der Speerwerfer gezwungen, den Körperschwerpunkt über dem hinteren Druckbein zu halten.

Zugübung mit Partner

Würfe aus dem 3-Schritt-Rhythmus mit dem 2. Schritt (flacher Sprung!) über eine Markierung (z. B. aufgezeichneter Graben) bieten sich dann an, wenn die Anfänger den Impulsschritt zu kurz wählen und die technisch korrekte Wurfauslage nicht erreichen. Erfolgt der Wurfarmeinsatz vor dem Hüft-Bein-Einsatz, können Zugübungen mit dem Speer gegen den Widerstand des Partners helfen, die Hüfte und die Brust zusammen mit der Kniegelenkstreckung des rechten Beins in die Wurfrichtung zu drehen (s. Abb. 29).

Speerrückführung steuern

Des Weiteren realisieren Anfänger die *Rückführung des Speers* vielfach fehlerhaft, da die Speerhaltung nicht hinreichend kontrolliert und der Wurfarm deutlich nach unten abfällt oder nicht hinter die Schulter geführt wird. In diesem Fall vermitteln Läufe mit dem Speer mit mehrfachem Wechsel der Tragehaltung sowie der Rückführung des Speers das Gefühl für die technisch korrekte Speerausrichtung.

Übungsaufgaben zur Verbesserung der geschlossenen Körperposition

Geschlossene Körperposition

Anlauf mit zurückgeführtem Speer

Zur *Schulung der geschlossenen Körperposition* kann mit zurückgeführtem Speer seitlich in Wurfrichtung gelaufen werden. Beim Rechtswerfer zeigt die linke Hüfte und Schulter in Wurfrichtung, während sich die rechte Schulter in tieferer Position („Schulterachse nach hinten abgekippt“) und der Gegenarm bei unveränderter Speerposition in der Vorhalte parallel zum Speer befinden (s. Abb. 34). Anfänger sollten das Lauftempo derart wählen, dass die technisch korrekte Speerposition erhalten bleibt.

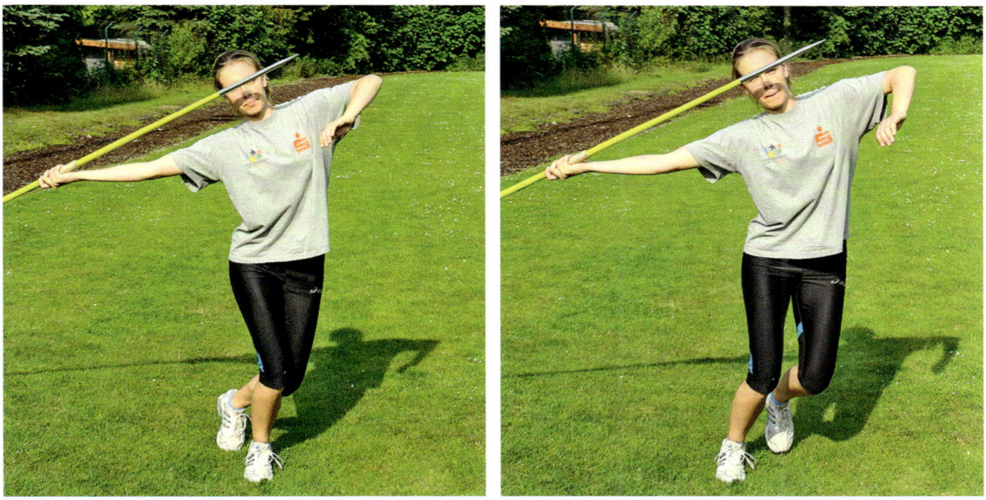

Abb. 34: Anlauf mit zurückgeführtem Speer

Übungsaufgaben zur Verbesserung der Abwurfbewegung

Standwürfe mit Blickkontrolle nach hinten

Steckwürfe mit kopfnaher Speerspitze

Wenn der Speer kurz vor dem *Abwurf zu steil* (nicht parallel zur Schulterachse) gehalten wird und das Handgelenk abknickt, dann begründen dies der zu tief gehaltene Ellbogen und der zu steile Abwurf. Vielfach wird der Speer schräg in Wurfrichtung geführt, so dass die Speerspitze (Rechtswerfer) deutlich nach rechts zeigt. Dementsprechend ist der gerade Armzug in Wurfrichtung nicht möglich und der Speer landet zu weit links von der Wurfrichtung. In diesen Fällen können Standwürfe mit Blickkontrolle nach hinten oder die Ausführung des 3-Schritt-Rhythmus ohne Abwurf hilfreich sein (Wurfarm bleibt hinten!). Des Weiteren empfehlen sich Steckwürfe mit kopfnaher Speerspitze oder Zielwürfe mit dem Schlagball gegen die Hallenwand (Abstand: 3 m; Flaches Werfen!).

Erfolgt der Speerabwurf seitlich neben dem Körper des Sportlers (tief abgesenkter Wurfarm und Speer), kann die *Eindrehbewegung des Wurfarms* und der *Wurfschulter* gegen den Widerstand des Partners imitiert werden (s. Abb. 29). Darüber hinaus empfehlen sich Standwürfe und Würfe aus dem Angehen mit zurückgeführtem Speer oder Würfe aus kurzer Entfernung auf hohe, schmale Ziele.

Eindrehbewegung gegen Widerstand

Vielfach setzen Anfänger beim Speerabwurf das Druckbein nicht technisch korrekt ein und weichen mit dem Oberkörper seitlich oder nach vorn aus. Als Vorübungen eignen sich *Standwürfe* mit „Eindrehen" des Druckbeins. Beim Druckaufbau durch die rechte Körperseite muss auf die Abfolge „Fuß – Knie – Hüfte – Arm" geachtet werden. Das Gegenhalten der linken Körperseite ermöglicht dem Speerwerfer nach dem Abwurf in der Schrittstellung zu verweilen. Des Weiteren können *Abwürfe aus einem Schritt* hilfreich sein. Hierbei wird der Körperschwerpunkt durch das nach vorn gestellte (rechte) Druckbein nach hinten auf das linke Bein und mit dem Setzen des Stemmbeins auf das rechte Bein verschoben (s. Abb. 35). Wird der Wurfarm zu tief und im Ellbogen gebeugt gehalten, muss der Sportler beim Anlaufen und Werfen auf den „hohen Arm" achten. Die bewusste Aufmerksamkeitslenkung auf den im Ellbogengelenk gestreckten hohen Arm beim Abwurf kann durch Standwürfe, Würfe mit wenigen Anlaufschritten und das „Speerrückhaltelaufen" mit jeweils im Ellbogengelenk gestrecktem Wurfarm gefördert werden.

Gestreckter „hoher" Arm in der Speerrückhalte

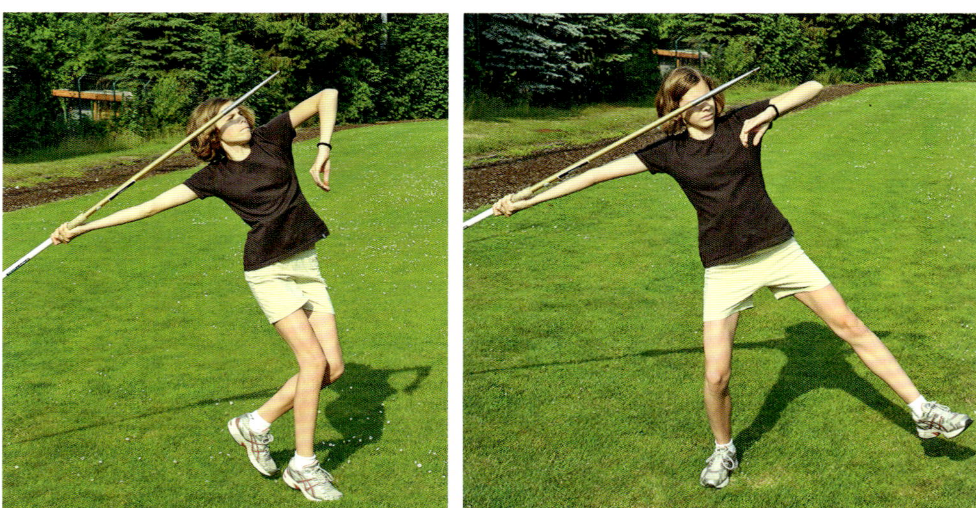

Abb. 35: Wurf aus einem Schritt mit nach vorn gestelltem Druckbein

Variation der Bewegungsbedingungen

Wurfgeräte variieren

Im *Nachwuchstraining* können die notwendigen koordinativen Voraussetzungen für das Speerwerfen (z. B. Wurfgefühl) durch unterschiedliche Wurfgeräte (z. B. Wettkampfgeräte, Tennisbälle, Stäbe), variierende situative Bedingungen (z. B. Gegen- oder Rückenwind, trockene oder nasse Anlaufbahn) und spezielle Aufgabenstellungen geschult werden (z. B. Wurf: flach oder hoch, links oder rechts; vgl. Lehmann, 2016).

Anregungen zum selbstständigen Experimentieren

In Anlehnung an Zeuner et al. (2010) bieten sich vergleichbar zum Schlagballwerfen (s. Kap. 3.4) folgende Möglichkeiten des selbstständigen Experimentierens an.

Selbstständig experimentieren

- Anlauf aus dem 3-Schritt-Rhythmus mit oder ohne Hopser. Welche Lösung gelingt besser? Wie lässt sich dies erklären?
- Wie groß ist die Differenz der Wurfweite zwischen Würfen aus dem Stand und dem 3-Schritt-Rhythmus? Wie erklärt sich die Differenz?
- Verschiedene Varianten des Impulsschritts ausprobieren (z. B. Gehschritt, Nachstellschritt, deutliches Wegdrehen aus der Wurfrichtung).
- Partnerweise auf Technikschwerpunkte („Knotenpunkte der Bewegung") achten, Variationsmöglichkeiten beraten, Verbesserungen und Verschlechterungen erkennen sowie diskutieren.

4.5 Lernen und Trainieren organisieren

Die im Folgenden angeführten Hinweise und Anregungen gelten für die Aneignung sowie die Optimierung des Speerwerfens.

Material

Alternative Wurfgeräte

- *Wurfgeräte mit speerwurfähnlicher Form.* Mini-Speere (Länge: 50 cm), Indoor-Speere (Länge: 60–70 cm), Hartschaumstoff-Wurfraketen, Bambusstöcke (Nach hinten verjüngend!), Schaumstoff-Rohrisolierungen und Wurfstangen (Holz, Metall).
- Zur Schonung der Wettkampfspeere empfehlen sich „gebrauchte" Übungsspeere, da im Wurffeld liegende Speere durch andere getroffen werden können.

Sicherheit

Sicherheitsaspekte

- Anfänger müssen umfassend über die Sicherheitsaspekte beim Speerwerfen informiert werden (s. Hinweise in Kap. 2.3).
- Lehrer und Trainer müssen die Übungsgruppe sowie andere Sportler zu jedem Zeitpunkt „im Blick behalten".
- Wenn in Gruppen geworfen wird, dann gibt der Lehrer das Kommando für das Werfen und das Zurückholen der Speere. Die Speere werden erst dann zurückgeholt, wenn alle Speere geworfen wurden.
- Speere senkrecht tragen.
- Vor der Ausholbewegung ist zu kontrollieren, dass keine Personen vor oder hinter dem Speerwerfer stehen.
- Abwürfe aus der Linienaufstellung dürfen nur gleichzeitig und in eine Richtung erfolgen (Seitlicher Abstand zu den Athleten: mindestens 3 m!).
- Kein Werfen zum gegenüberstehenden Partner (Verletzungsgefahr!).

Technik

Technische Ausführung

- Als Grundvoraussetzung für das Speerwerfen gilt die Beherrschung der technisch korrekten Schlagwurftechnik mit Bällen und Stäben.
- Das zentrale Beobachtungskriterium der Abwurfphase betrifft die zweckmäßige Koordination der Teilbewegungen: „Von unten (Fußarbeit beginnend!) nach oben (Abklappen der Hand!)".
- Der Wurfarm sollte beim Aufsetzen des Stemmbeins möglichst lang nach hinten gehalten werden, um die optimale Ausprägung des Bewegungskomplexes „Wurfverzögerung und Spannungsaufbau" zu gewährleisten.
- Bewegungsausführungen mit zurückgehaltenem Arm sichern den notwendigen langen Beschleunigungsweg des Wurfarms.
- Das Speerwerfen aus dem 3-Schritt-Rhythmus setzt den technisch korrekten Wurf aus der Wurfauslage voraus.
- Das Werfen aus dem 3-Schritt- und 5-Schritt-Rhythmus stellt die Grundvoraussetzung für den Speerwurfanlauf mit Speerrückführung dar.
- Die Abwurfbewegung aus der Wurfschulter und die Eindrehung des Wurfarms erfolgen nach der Bein- und Hüftaktivität.

Methodik

Methodische Hinweise

- Die methodischen Vorgaben hinsichtlich der Aneignung des Speerwerfens entsprechen im Wesentlichen denen des Schlagballwerfens (s. Kap. 3). Das Speerwurftraining sollte aber in kleineren Gruppen durchgeführt werden.
- Ausgangsbasis für das methodische Vorgehen sind vielseitige Wurferfahrungen im Rahmen der *Allgemeinen Wurfschule* und die Beherrschung des geraden Schlagballwurfs aus dem 3-Schritt-Rhythmus.
- Die Anzahl der Technikwürfe pro Trainingseinheit richtet sich nach der Art und der Intensität der Übungen. Bei „lockeren" Würfen können 30 bis 35 Würfe pro Übungseinheit absolviert werden. Je mehr wettkampfnahe Würfe aus dem Anlauf erfolgen, desto geringer die Wurfanzahl.

4.6 Wettkämpfe

Pädagogisch orientierte Wettkampfformen

Pädagogisch orientierte Wettkampfformen dienen der allmählichen Hinführung der Kinder und Jugendlichen zur normierten leichtathletischen Wettkampfform des Speerwerfens. Folgende alternative Wettkampfformen bieten sich an.

Pädagogisch orientierte Wettkampfformen

- *Zielwürfe mit dem Speer.* Die einfachste Wettkampfidee stellt das Speerwerfen auf unterschiedlich weit entfernte Zielfelder dar. Motivierender sind Würfe auf Pappkartons oder schräg stehende Zielflächen (z. B. Strohballen). Im Verlauf des Übungsprozesses kann die Zielfeldgröße verkleinert und die Zielentfernung vergrößert werden.
- *Speermehrkampf.* Wer erreicht mit drei unterschiedlich schweren Speeren die größte Gesamtweite aus dem Standwurf, 5-Schritt-Rhythmus und kompletten Anlauf?
- *Differenzmeister.* Wer erzielt im Einzel- und Mannschaftswettkampf die größte Differenz zwischen der Wurfweite aus dem Stand und dem Anlauf. Der Lehrer darf die Bewegungsaufgabe erst nach Beendigung der Standwürfe bekannt geben!

Wettkampfbestimmungen

Die Anlaufbahn muss beim Speerwurf mindestens 30 m betragen (Breite: 4 m) und über einen Kreisbogen verfügen (Abwurfbogen, Radius: 8 m, s. Abb. 36). Der Athlet muss den Speer in der Mitte am Griff fassen. Die Speerspitze muss beim Abwurf in Wurfrichtung zeigen. Tabelle 3 führt die Altersklassen und Speergewichte auf.

Messen der Leistung

Messen der Leistung

Der 0-Punkt des Bandmaßes wird an der Auftreffstelle der Speerspitze angelegt. Anschließend wird das Bandmaß gespannt über den ebenerdigen Abwurfbogen bis zum 8-m-Schnittpunkt der Sektoreninnenlinien gezogen. Die Wurfleistung wird an der Innenkante des Abwurfbogens zentimeterweise abgelesen (s. Abb. 36).

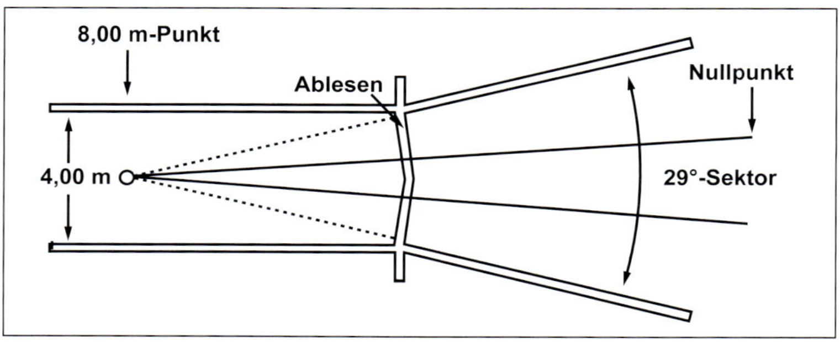

Abb. 36: Speerwurfanlage und Messvorgang (mod. nach Haberkorn & Plaß, 1992, S. 174)

Im Schulsport kann beim Speerwerfen zur Vereinfachung der Weitenmessung im Ausnahmefall (entgegen den offiziellen Wettkampfbestimmungen) derart gemessen werden, dass der jeweils weiteste Versuch mit einer Stecktafel markiert und erst am Ende des Wettkampfs ausgemessen wird.

Ungültige Versuche

Ungültige Versuche

- Wenn während des Versuchs mit einem Körperteil der Abwurfbogen, dessen seitliche Verlängerungen oder der Boden davor berührt werden oder eine ganze Körperdrehung ausgeführt wird.
- Wenn nach dem Abwurf
  - die Anlaufbahn verlassen wird, bevor der Speer den Boden berührt.

– beim Verlassen der Anlaufbahn der Abwurfbogen oder dessen seitliche Verlängerung berührt oder überschritten wird.
– beim der Landung des Speers nicht der Metallkopf (Speerspitze) als erstes den Boden berührt.
– der Speer nicht innerhalb des 29°-Sektors auftrifft.

Altersklassen und Speergewichte

Tab. 3: Altersklassen und Speergewichte

Weiblich		Männlich	
U 14 (12-13 J.)	400 g	**U 14 (12-13 J.)**	400 g
U 16 (14-15 J.)	500 g	**U 16 (14-15 J.)**	600 g
U 18 (16-17 J.)	500 g	**U 18 (16-17 J.)**	700 g
U 20 (18-19 J.)	600 g	**U 20 (18-19 J.)**	800 g
U 23 (20-22 J.)	600 g	**U 23 (20-22 J.)**	800 g
Frauen	600 g	**Männer**	800 g

4.7 Leseempfehlungen

Lese-empfehlungen

Detaillierte Einblicke in die leichtathletische Methodik des Speerwerfens unter dem Motto des vielseitigen Lernens gibt die Publikation *Vom Ballwurf zum Speerwurf* von Oltmanns (2008). Demgegenüber thematisiert der Beitrag von Ritschel (2009) die klassische methodische Übungsreihe zur Aneignung der Speerwurftechnik mit abwechslungsreichen vorbereitenden Übungsaufgaben. Dem biomechanisch interessierten Leser empfehlen die Autoren die Beiträge von Lehmann (2014) und Bartonietz (2016), die den Einfluss verschiedener biomechanischer Abwurfparameter auf die Wurfweite erörtern (z. B. Abwurfgeschwindigkeit, Anstellwinkel, Abflugwinkel, Flugverhalten des Speers).

Kapitel

5

Schleuderball- und Diskuswerfen

Die Gruppe der *leichtathletischen Drehwürfe* bilden klassischerweise das *Schleuderballwerfen*, das *Diskuswerfen* und das *Hammerwerfen*. Das Kugelstoßen mittels der innovativen Lösungsvariante der Drehstoßtechnik, die nicht nur im US-amerikanischen Raum im Spitzen- und Leistungssport von zunehmend mehr Athleten erfolgreich angewendet wird, zählt zu den Grundtechniken der leichtathletischen Stoßdisziplin, die ebenfalls im Nachwuchstraining im Rahmen der vielseitigen Athletenausbildung an Bedeutung gewinnt (s. Kap. 6). *Rotationswürfe mit alternativen Wurfgeräten* – Fahrradreifen, Schleuderbälle oder selbst gebastelten Wurfmaterialien – sind für den Alltag von Kindern und Jugendlichen weniger gefährlich und bieten dementsprechend für die Vorbereitung der leichtathletischen Drehwürfe zahlreiche neue, erlebnisreiche Bewegungserfahrungen (Kap. 5.1). Im Mittelpunkt des leichtathletischen Anfängertrainings stehen das *Drehwerfen* mit dem *Schleuderball* und das *Diskuswerfen* (Kap. 5.2).

Rotationswürfe

Schleuderballwerfen

Diskuswerfen

5.1 Voraussetzungen schaffen

Der Wurf aus der Drehung um die Körperlängsachse auf den Fußballen stellt an Kinder und Jugendliche hohe technisch-koordinative Anforderungen. Insbesondere das komplexe Andrehen vor dem Abwurf erfordert die gute Orientierung im Raum und die sichere Beherrschung des Drehgleichgewichts. Des Weiteren stellen Drehwürfe besondere Ansprüche an die zeitlich-räumliche Abfolge der Fußkontakte, um die muskuläre Impulskette *Füße – Beine – Oberkörper – Arm – Hand* optimal einzuleiten. Für Heranwachsende ist die Herausforderung aus der Körperdrehung mit unterschiedlichen Wurfgeräten über Hindernisse oder auf Ziele zu werfen nicht nur attraktiv und motivierend, sondern unter verantwortungsbewusster Einhaltung der spezifischen Sicherheitsvorgaben ebenso weitgehend ungefährlich. Die Grundlage für den Diskuswurf aus der 1¼-Körperdrehung bildet das vielfältige, alternative Werfen mit Medizinbällen, Fahrradreifen, Wurfringen oder Schleuderbällen.

Neue Bewegungserfahrungen mit alternativen Wurfgeräten

Drehwürfe mit dem Medizinball

Im Kindes- und Jugendalter können erste erlebnisreiche Bewegungserfahrungen mit Drehwürfen mit Hilfe beidarmiger *Würfe mit dem Medizinball* vermittelt werden. Die Wurfauslage stellt die Ausgangsposition dar, in der sich die Beine und die Füße vor sowie der Medizinball hinter dem Lot des Körperschwerpunkts befinden. Beim Rechtshänder

Erste Wurferfahrungen mit dem Medizinball

liegt die rechte Hand seitlich und die Linke unterhalb des Medizinballs. Das Übungsgerät wird zunächst so weit nach hinten zurückgeführt, bis beide Arme gegen die Wurfrichtung zeigen. Anschließend erfolgt die Dreh-Streck-Bewegung mit der Eindrehung des rechten Fußes (Auf dem Fußballen!) und des rechten Knies in Wurfrichtung. Sobald die Fliehkräfte groß genug sind, löst sich die linke Hand vom Medizinball und der Ball wird auf Schulterhöhe mit gestrecktem Körper abgeworfen (s. Abb. 37).

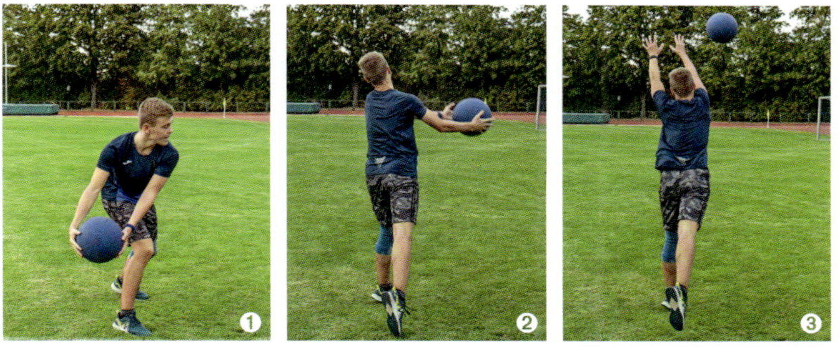

Abb. 37: Drehwurf mit dem Medizinball: Ausholen ❶, linke Hand lösen ❷ und Abwurf ❸

Als *Basistechnik des Drehwurfs* gilt das Werfen aus der 1- oder 1¼-Körperdrehung mit dem Fahrradreifen (s. Abb. 38).

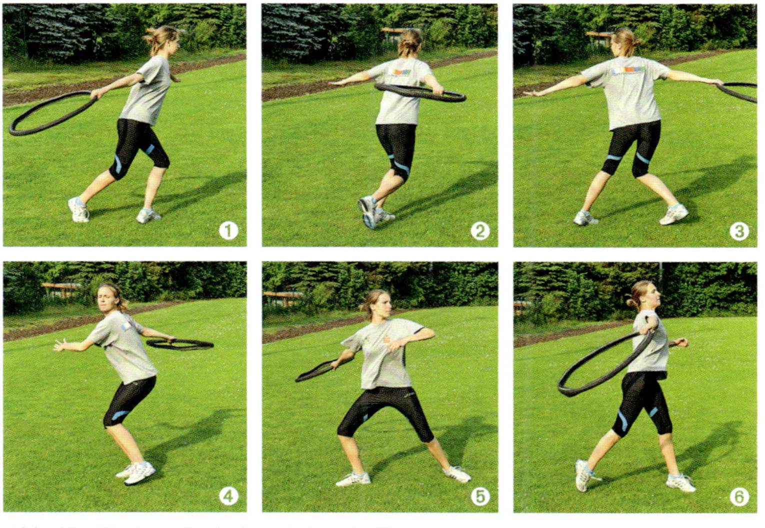

Abb. 38: Drehwurf mit dem Fahrradreifen

Der Drehwurf aus der 1¼-Körperdrehung gliedert sich in fünf typische Bewegungsphasen: Auftakt und Anschwung, Drehung, Wurfauslage, Abwurf und Abfangen. Nachfolgend beschrieben wird die Bewegungsabfolge für den Rechtshänder.

Abfangen

Auftakt und Anschwung

Auftakt und Anschwung

Die linke Körperseite zeigt in schulterbreiter Seitgrätschstellung in Wurfrichtung. Der Wurfarm und das Wurfgerät werden mit dem „Pendelschwingen" zurückgeführt, so dass für die nachfolgende Drehung ein langer Beschleunigungsweg zur Verfügung steht.

Drehung

Drehung

Das Körpergewicht verlagert sich auf das vordere linke Bein, das auf dem Fußballen in Wurfrichtung dreht. Anschließend erfolgt der Vorwärtsschritt mit dem rechten Bein. Nach dem Abdruck vom linken Bein landet der Sportler nach ca. 1 m auf dem Fußballen des rechten Beins. Der folgende Rückwärtsschritt nach links begünstigt die Drehung auf dem rechten Fußballen und den schnellen linken Fußaufsatz vor der Abwurflinie.

Wurfauslage

Wurfauslage

Der Athlet erreicht die Wurfauslage, indem sich das Körpergewicht über dem gebeugten rechten Kniegelenk des Druckbeins befindet, der Oberkörper geringfügig vorgeneigt wird und der Rücken in Wurfrichtung zeigt. Der im Ellbogengelenk gestreckte Wurfarm befindet sich hinter der rechten Hüftseite und der im Ellbogengelenk angewinkelte linke Arm vor der Brust (Oberkörper und Wurfarm zurückhalten!).

Abwurf

Abwurf

Die Abwurfphase beginnt mit dem Aufsetzen des linken Fußes (Stemmbein). Das im Kniegelenk gebeugte rechte Druckbein wird zusammen mit der rechten Körperseite schnell gedreht und die Hüfte nach vorn geführt. Im Anschluss streckt der Sportler beide Kniegelenke. Der aktive Zug des Wurfarms verbunden mit der Gewichtsverlagerung zum linken, vorderen Stemmbein erfolgt nach der Oberkörperdrehung in Wurfrichtung.

Abfangen

Abfangen

Der Beinwechsel wird durch den Umsprung oder den Rückzug des linken Beins ausgelöst.

Besonderheiten des Schleuderballwerfens

Schleuder-ballwerfen

Der Schleuderball mit eingenähter Schlaufe besteht aus Leder oder dickwandigem Gummimaterial (Vollball, Gewicht: 1,0–1,5 kg, s. Tab. 4).

Griffhaltung

Die Schlaufe des Schleuderballs wird mit zwei Fingern gefasst, um das Loslassen beim Abwurf zu gewährleisten (s. Abb. 39, langes Pendel).

Andrehen des Schleuderballs

Alternative 1. Den Schleuderball in der Hand des gestreckten rechten Arms schwingen. Der Oberkörper dreht geringfügig mit. Die Körperdrehung beginnt am Ende des Rückschwingens.
Alternative 2. Der Schleuderball kreist mit gespannter Schlaufe schräg über den Kopf. Die Körperdrehung beginnt dann, wenn der Schleuderball im Rückschwung die Schulterhöhe erreicht.

Vereinfachte Griffhaltung

Zur Vereinfachung des Bewegungsablaufs kann der Schleuderball mit der kurzen Schlaufe gefasst werden (s. Abb. 40, kurzes Pendel).

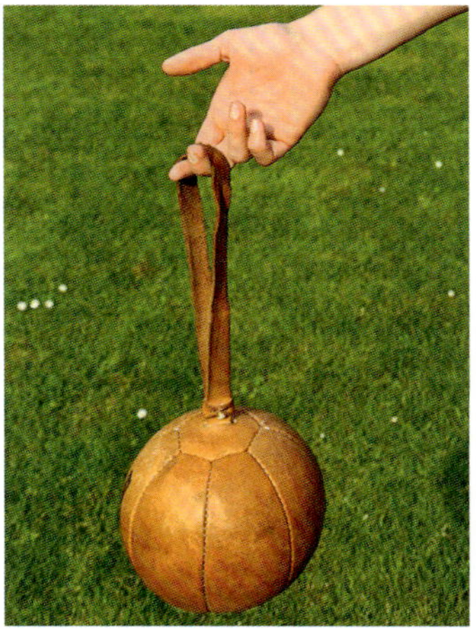

Abb. 39: Griffhaltung: Langes Pendel

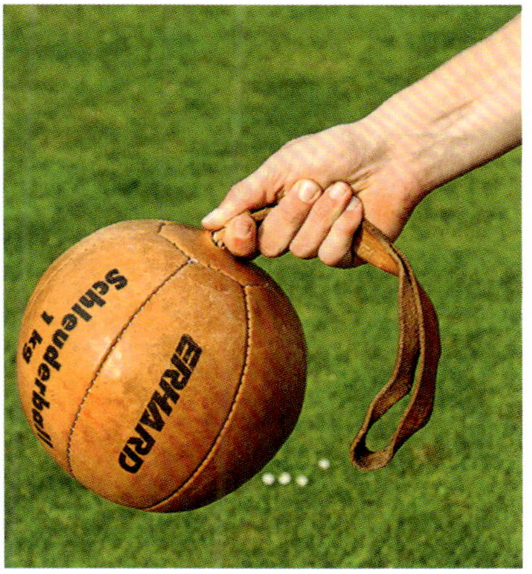

Abb. 40: Griffhaltung: Kurzes Pendel

Aneignung des grundlegenden Drehwurfs mit dem Schleuderball

Nach Lütgeharm (2011) sollten während der Aneignung des Drehwurfs mit dem Schleuderball folgende technische Grundelemente beachtet werden.

- Die einzelnen Schritte der Drehung erfolgen in der Vorwärtsbewegung (Nicht auf der Stelle drehen!).
- Mit Beginn der Drehung wird der Schleuderball bis zum Abwurf kontinuierlich beschleunigt.
- Die Körperdrehung erfolgt mit gebeugten und der Abwurf mit gestreckten Kniegelenken.
- Beim Abwurf eilt die Wurfarmschulter voraus und der Wurfarm folgt dem Wurfgerät. Der Schleuderball bleibt möglichst lange hinter dem Körper.

Die grundlegende Drehwurftechnik mit dem Schleuderball oder alternativen Wurfgeräten (z. B. Fahrradreifen, Wurfring, Tuch mit Knotenende) kann durch folgende Übungen vermittelt werden.

Standwürfe aus seitlicher Ausgangsposition

Standwürfe

... aus der Wurfauslage

Die linke Schulter zeigt in der Seitgrätschstellung in Wurfrichtung. Der Schleuderball wird mit kurzer Schlaufe gehalten. Der Arm und die Hand „gehen" dem Ball im Anschwung „hinterher". Der Abwurf beginnt dann, wenn sich der Schleuderball hinter dem Werfer befindet („Zugstellung", s. Abb. 41, Bild 3 u. 4).

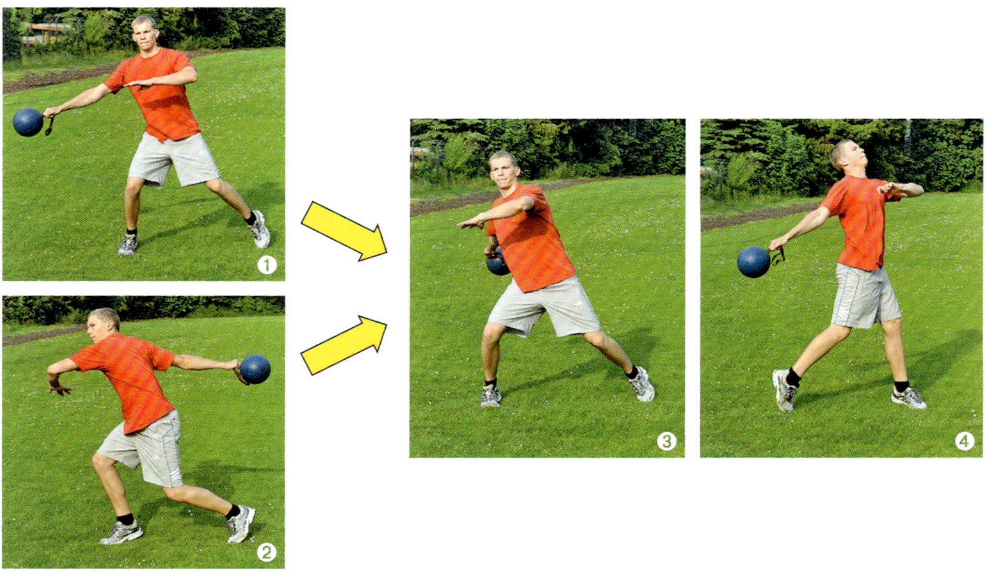

Abb. 41: Standwurf mit kurzem Pendel aus der seitlichen Ausgangsposition ❶ und der Wurfauslage ❷

Standwürfe aus der Wurfauslage

In der Wurfauslage (Rechtshänder) wird die Schulterachse gegen die Wurfrichtung gedreht. Der Schleuderball befindet sich weit hinter dem Körper des Athleten und die Verwringung des Beckengürtels sowie Schultergürtels muss deutlich erkennbar sein (s. Abb. 41, Bild 2). Der Athlet führt mit Bewegungsbeginn die Hüfte, anschließend die Schulter und den Wurfarm sowie zum Bewegungsende den Schleuderball nach vorn. Insgesamt bleibt der Schleuderball möglichst lange hinter dem Körper des Sportlers.

Standwürfe mit Auftaktbewegung

... mit Auftaktbewegung

Der Schleuderball (Rechtshänder) wird während der Auftaktbewegung in Wurfrichtung mit „kurz gefasster" Schlaufe von „hinten-unten" seitwärts nach „vorn-oben" zur hochgehaltenen linken Hand gependelt, anschließend zum Ausgangspunkt der Bewegung zurückgeschwungen und abgeworfen.

Standwürfe mit langer Schlaufe

... mit langer Schlaufe

Der Schleuderball wird mit der „lang gefassten" Schlaufe" geworfen, die gleichsam den *verlängerten Wurfarm* darstellt und „straff" gehalten wird. Auftakt- und Wurfbewegung gleichen der Übung *Standwürfe mit Auftaktbewegung*. Beim Wurf mit langer Schlaufe bilden der Wurfarm und die Schlaufe eine direkte Verbindung.

Würfe aus frontaler Ausgangsstellung und vollständiger Körperdrehung

Eine Körperdrehung

Auf Höhe der Abwurfstelle wird ein ca. 1 m breiter Graben quer zur Wurfrichtung markiert (z. B. Sprungseil, kleine Trainingspylone). Der Sportler steht in der Ausgangsposition frontal in Wurfrichtung und fasst den Schleuderball mit kurzer Schlaufe. Beide Arme befinden sich parallel zum Boden. Die Bewegung beginnt mit dem langsamen Angehen in Richtung des markierten Grabens. Der linke Fuß wird unmittelbar vor dem Graben aufgesetzt. Anschließend erfolgen der kraftvolle Abdruck nach vorn und der flache, raumgreifende Drehschritt. Der markierte Graben wird entlang der geraden Linie überquert, indem zuerst der rechte Fuß vorwärts und anschließend der linke Fuß rückwärts aufsetzt. Im Anschluss dreht die rechte Körperseite mit fixierter linker Körperseite aktiv in Wurfrichtung. Hierbei muss folgende Bewegungsabfolge beachtet werden: *Fuß – Bein – Hüfte – Schulter – Arm*.

Der Schleuderball beschreibt während der Abwurfbewegung eine weite Kreisbahn um den Körper des Athleten.

Würfe aus 1¼-Drehung (5/4-Drehung)

Der langsame Anschwung des Schleuderballs – zunächst mit kurzem, später mit langem Pendel – erfolgt in der schrägen Anschwungebene (ca. 45° zum Boden). Erreicht der Schleuderball beim Rückschwung den Bewegungsumkehrpunkt, beginnt der flache „Drehschritt" entlang der geraden Linie mit Vorausdrehung der Beine (auf die Dreh-Streck-Bewegung achten!, s. Abb. 42).

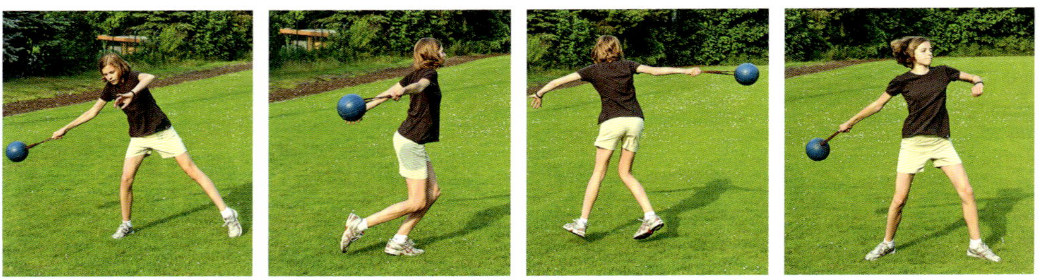

Abb. 42: Andrehen über die 1¼-Drehung mit langem Pendel

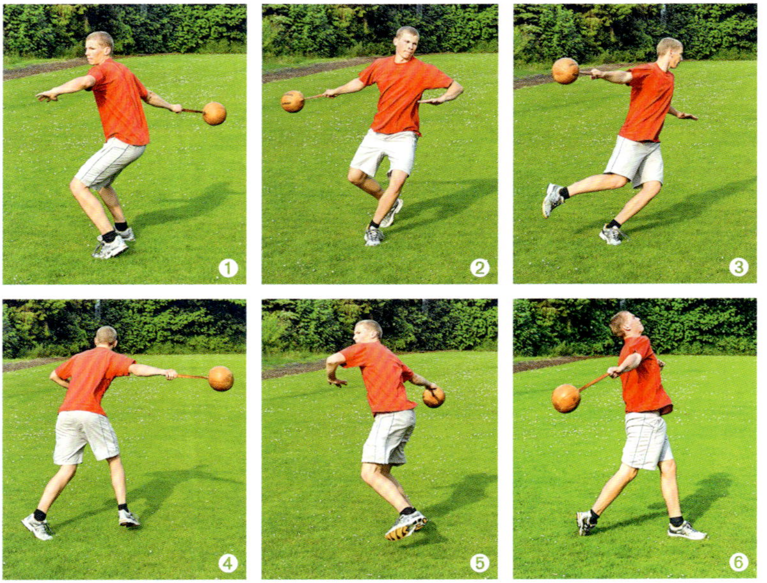

Abb. 43: Andrehen (1½-Drehung) mit langem Pendel

Würfe aus 1½-Drehung (6/4-Drehung)

Die Drehung erfolgt spiralförmig von „hinten unten" nach „vorn-oben" mit schnellem linken Fußaufsatz (Stemmbein) und Temposteigerung bis zum Abwurf (s. Abb. 43).

5.2 Grundlegende Technikmerkmale erkennen

Das *Diskuswerfen* gliedert sich in *fünf Bewegungsphasen:* Anschwingen, Andrehen in die Wurfauslage, Wurfauslage, Abwerfen und Abfangen oder Umspringen (s. Abb. 44). Der folgende Abschnitt beschreibt für den Rechtshänder den Diskuswurf mit 1½-Körperdrehung und anschließendem Stützabwurf.

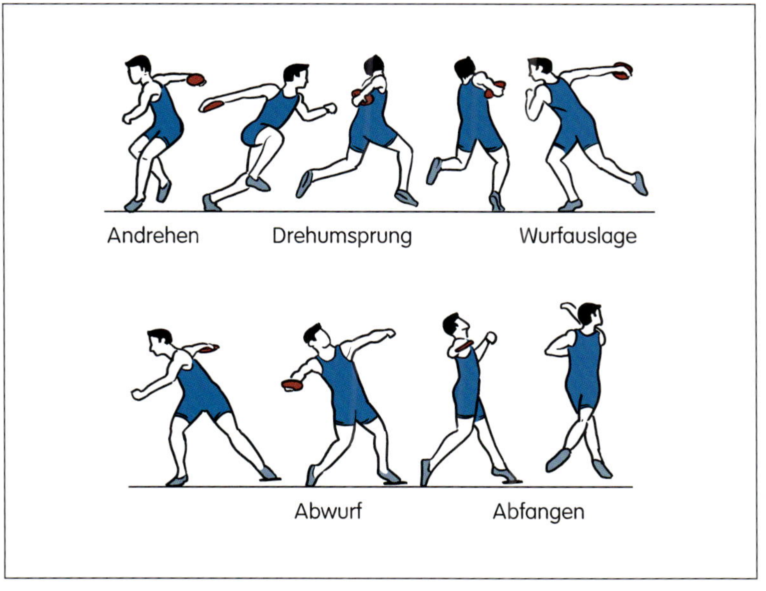

Abb. 44: Diskuswerfen

Anschwungphase

Die Füße stehen schulterbreit auseinander (Rücken in Wurfrichtung!). Die Fingerkuppen umfassen den Diskus derart, dass der Schwerpunkt des Diskus zwischen dem Zeigefinger und dem Mittelfinger liegt. Anfänger umfassen den Diskus mit den letzten beiden Fingergliedern.

Anschließend schwingt der Sportler den Diskus mit aufrechter Körperhaltung nach hinten. Hierbei beschreiben der Wurfarm und das Wurfgerät eine weite, parallel zum Boden und auf Schulterhöhe verlaufende Umlaufbahn. Das Körpergewicht „liegt" auf dem rechten Bein. Am Bewegungsumkehrpunkt schwingt der Diskus bis über die Schulterhöhe.

Anschwingen

Andrehphase

Die Körperdrehung beginnt am Anschwungende mit aufrechtem Oberkörper. Das Körpergewicht verlagert sich durch den aktiven Abdruck des rechten Fußballens auf das im Kniegelenk geringfügig gebeugte linke Bein. Im Anschluss drehen beide Kniegelenke und die Fußballen aktiv in Wurfrichtung. Der Oberkörper, die Schulter und der Wurfarm bleiben hinter dem linken Bein zurück. Aus dieser Position beginnt der *Vorwärtsschritt* mit aktivem, flachem Abdruck vom linken Bein (keine maximale Beinstreckung!) und schnellem aktiven Aufsetzen auf dem rechten Fußballen nach ca. 1 m in der Kreismitte (Fuß zeigt gegen die Wurfrichtung!). Anschließend erfolgt der schnelle *Rückwärtsschritt*, indem der Athlet ohne Unterbrechung auf dem rechten Fußballen weiterdreht und den linken Fuß vor der Abwurflinie möglichst schnell aufsetzt. Hierbei muss der linke Fuß einen stabilen Stand finden. Der Kopf, die Schulter und der Wurfarm bleiben möglichst weit hinten. Der Oberkörper und der Körperschwerpunkt befinden sich über dem rechten hinteren Bein.

Andrehen

Wurfauslage

Die Wurfauslage ist dann erreicht, wenn sich das Körpergewicht über dem im Kniegelenk gebeugten rechten Druckbein befindet, der Oberkörper geringfügig vorgeneigt wird und der Rücken in Wurfrichtung zeigt. Der Diskus wird in einer weiten Umlaufbahn geführt und der im Ellbogengelenk gestreckte Wurfarm hinter der rechten Hüftseite gehalten. Die Lotrechte des Diskus befindet sich hinter der linken Ferse (Oberkörper und Wurfarm zurückhalten!) und der im Ellbogengelenk abgewinkelte linke Arm vor der Brust.

Wurfauslage

Abwurfphase

Die Abwurfphase beginnt mit dem Aufsetzen des linken Fußes, der zusammen mit der linken Hüfte und dem Kopf die Drehachse bildet. Das im Kniegelenk gebeugte rechte Druckbein wird zusammen mit der rechten Körperseite gedreht und die Hüfte schnell nach vorn geführt.

Abwerfen

Der *1. Abwurfimpuls* erfolgt durch den rechten Fuß und über das rechte Hüftgelenk. Die Druckarbeit entsteht von der rechten Körperseite um die Drehachse. Dies setzt das Gegenstemmen der linken Körperseite voraus. Die *finale Bewegungsbeschleunigung* in Form der aktiven Zugbewegung des Wurfarms verbunden mit der Gewichtsverlagerung zum linken, vorderen Stemmbein (Dreh-Streck-Bewegung gegen fixierte linke Körperseite!) erfolgt dann, wenn der Oberkörper halb in die Wurfrichtung gedreht ist. Von entscheidender Bedeutung ist die Reihenfolge des Einsatzes der Teilimpulse *Fuß – Hüfte – Schulter – Hand – Finger.*

Der Diskus löst sich beim Abwurf rechts neben dem Körper des Athleten unterhalb der Schulterhöhe aus der Hand. Der Handrücken zeigt nach oben und die Hand liegt auf dem Diskus, um diesen über den Zeigefinger aus der Hand zu drehen. Hierdurch erhält der Diskus die notwendige Rotation im Uhrzeigersinn. Der *Abflugwinkel* liegt zwischen 36° und 38°. Während der Flugphase sollte der Diskus waagerecht fliegen und nicht flattern.

Abfangphase

Das Abfangen des Körpers erfolgt im Stand durch die Weiterdrehung oder den Beinwechsel mit Beugung des Kniegelenks des Abfangbeins.

5.3 Techniken aneignen, variieren und optimieren

Der Diskuswurf wird im Anfängerbereich aus der 1¼-Drehung oder der 1½-Drehung geschult (Oltmanns, 2001a, b).

Basistechnik Diskuswurf

- Das Andrehen des Körpers des Athleten erfolgt aus der seitlich oder *rückwärts in Wurfrichtung* ausgerichteten Ausgangsposition unterstützt durch die einleitende Drehung des Fußballens.
- Während der Körperdrehung bleibt der Wurfarm zurück („Schleppen des Wurfarms“).
- Mit der Landung auf dem rechten Fußballen (Rechtswerfer) erfolgt die aktive Drehung auf dem Fußballen bis in die Wurfauslage.

Leitlinien zur Aneignung des Diskuswurfs

- In der Wurfauslage bewegt sich das (rechte) Druckbein gegen das nicht nachgebende, im Kniegelenk gestreckte Stemmbein nach „vorn-oben“.

- Die Reihenfolge des Druckaufbaus durch die rechte Körperseite (Fuß – Knie – Hüfte – Arm) bedingt den verzögerten Wurfarmeinsatz während des Abwurfs.
- Die Bewegungsdynamik zeichnet sich durch die Zunahme der Geschwindigkeit bis zum Abwurf aus.

Methodische Leitlinien zur Aneignung der Diskuswurftechnik

Das Diskuswerfen baut auf den Erfahrungen des Drehwurfs mit „ungefährlichen“ Wurfgeräten auf (z. B. Fahrradreifen, Schleuderball, Wurfringe). Steht ein eingezäunter Wurfring zur Verfügung, stellt das Diskuswerfen eine Bereicherung des leichtathletischen Trainings und Schulsports dar. Der *methodische Weg zur Aneignung des Diskuswerfens* folgt – vergleichbar dem Speerwerfen – der *hierarchischen Funktionsphasengliederung* nach Göhner (1975; 1979), indem der Diskuswurf nach der Bedeutung der Teilabschnitte für das Erreichen des Bewegungsziels von der Bewegungsmitte nach außen zergliedert wird. Dem *Abwurf (unabhängige Hauptfunktionsphase)* kommt die zentrale Bedeutung zu. Das *Andrehen (abhängige Hilfsfunktionsphase)* dient der Beschleunigung des Diskus. Die einzelnen Bewegungsphasen des Diskuswerfens können nach den *Vereinfachungsprinzipien der Verkürzung der Bewegungslänge* (Reduzierung der Bewegungskomplexität) und der Veränderung der variablen Bewegungsparameter (Erleichterung der situativen Bedingungen) in einzelne Bewegungsabschnitte aufgeteilt werden (s. Bd. 1, Kap. 1.3).

Bewegungszergliederung

„von der Mitte nach außen“

Vereinfachungsprinzipien

Das methodische Vorgehen lässt sich folgendermaßen abbilden.

Methodische Übungsreihe

Diskusgewöhnung (Halten, Schwingen, Abrollen)
Standwürfe aus der seitlichen Ausgangsposition
Standwürfe aus der Wurfauslage
Würfe aus einer Körperdrehung (4/4-Drehung)
Würfe aus 1¼ Körperdrehung (5/4-Drehung)
Würfe aus 1½ Körperdrehung (6/4-Drehung)

Diskusgewöhnung (Halten, Schwingen, Abrollen)

Den Diskus mit den Fingerkuppen halten und „leicht“ hin und her schwingen (s. Abb. 45).

Abrollen des Diskus

Den Diskus über die Fingerkuppen auf dem Boden abrollen (s. Abb. 46). Hierbei versucht der Anfänger, den Diskus so weit wie möglich oder in unterschiedlich weit entfernte Zielfelder zu rollen. Durch das Rollen des Diskus erlernen die Sportler das „Drehen des Diskus über den Zeigefinger".

Diskusgewöhnung

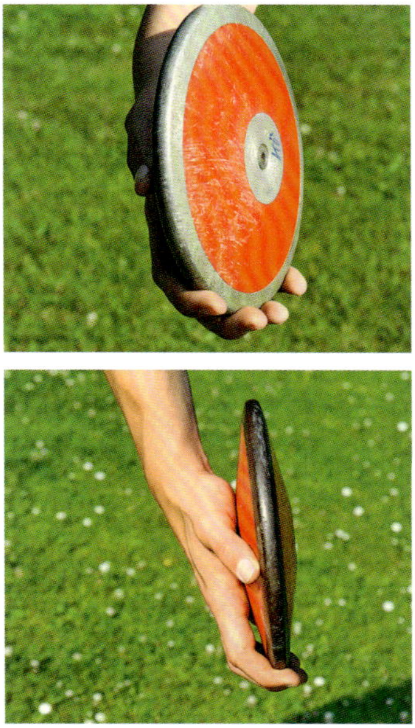

Abb. 45: Halten des Diskus

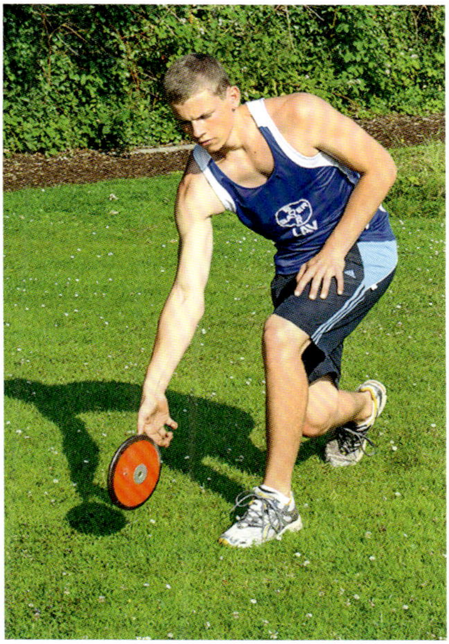

Abb. 46: Rollen des Diskus

Standwürfe aus seitlicher Ausgangsposition

Standwürfe

Die linke Schulter (Rechtshänder) zeigt in der seitlichen Ausgangsposition in die Wurfrichtung (Geringfügig gebeugte Kniegelenke!). Der Abwurf beginnt dann, wenn sich der Diskus hinter dem Werfer befindet („Zugstellung"). Beim Abwurf werden die Beine in den Kniegelenken gestreckt und gedreht.

Standwürfe aus der Wurfauslage

In der Ausgangsstellung – schulterbreite seitliche Grätschstellung mit gebeugten Kniegelenken – stehen die außenrotierten Füße geringfügig versetzt (V-Stellung!). Die Hüft- und Schulterachse sowie der im Ellbogengelenk gestreckte Arm befinden sich annähernd parallel zum

Boden. Aus dieser Ausgangsstellung wird bis zur Verwringung des Becken- und Schultergürtels ausgeholt, indem unter Beibehaltung der V-Stellung das Körpergewicht auf das rechte Bein verlagert und der Rücken in Wurfrichtung derart gedreht wird, bis der Winkel zwischen Hüft- und Schulterachse 90° beträgt. Die Ferse des hinteren (rechten) Fußes kann geringfügig vom Boden abgehoben werden.

Die nachfolgende Dreh-Streck-Bewegung beginnt mit der Eindrehung des rechten Fußes (Auf dem Fußballen!) und des Knies in Wurfrichtung. Anschließend „schwenkt" der Sportler nacheinander (!) mit der Hüfte, der Schulter und dem Wurfarm um die fixierte linke Körperseite nach vorn. Sobald das rechte Knie in Wurfrichtung zeigt, streckt der Athlet das Kniegelenk aktiv im Abwurf und hält mit dem im Kniegelenk geringfügig gebeugten linken Bein „dagegen" (s. Abb. 47).

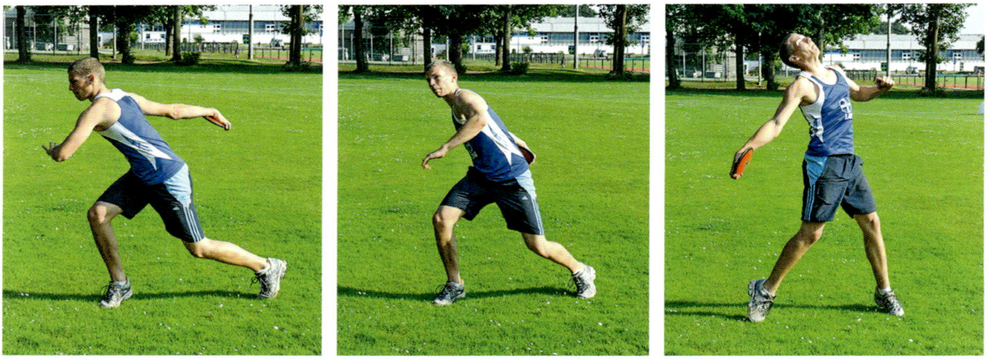

Abb. 47: Standwurf aus der Wurfauslage

Würfe aus einer Körperdrehung (4/4-Drehung)

Würfe aus einer Körperdrehung

Der Wurfarm pendelt mit dem Diskus aus der frontalen Schrittstellung in Wurfrichtung nach vorn und hinten (Rechtswerfer: Linkes Bein vorn). Im Umkehrpunkt hält der Sportler den Wurfarm an und führt zwei flache „Drehschritte" rechts vorwärts und links rückwärts aus (Dem Wurfarm davonlaufen!). Die spiralförmige 360°-Drehung erfolgt von „hinten-unten" nach „vorn-oben". Die Drehung wird an der Markierungslinie längs in Wurfrichtung bis in die Wurfauslage realisiert. Die Landung erfolgt mit dem rechten Fußballen auf der Markierungslinie *(1. Schritt)* und die weitere Drehung bis zum Setzen des linken Fußballens links neben der Linie *(2. Schritt)*. In der Wurfauslage befindet sich das Körpergewicht über dem rechten hinteren Druckbein. Schließt sich der Wurf unmittelbar an die Drehung an, erfolgen die

Hüftdrehung in Wurfrichtung und der verzögerte Wurfarmeinsatz. Die Bewegungsgeschwindigkeit nimmt bis zum Abwurf kontinuierlich zu. Zu beachten ist, dass der Athlet die Arme während der Drehung parallel zum Boden führt und den rechten Fuß während der Bewegung mit dem Fußballen aufsetzt sowie aktiv mitdreht.

Würfe aus der 1¼-Drehung (5/4-Drehung)

In der *seitlichen Ausgangsstellung* (Schrittstellung!) steht der linke Fuß am Ende des Wurfrings in Wurfrichtung und der rechte Fuß außerhalb (!) des Wurfrings. Mit Bewegungsbeginn wird der Diskus mittels der Pendelbewegung parallel zum Boden geschwungen. Während des *Pendelschwungs* hält der Sportler den Wurfarm am *Bewegungsumkehrpunkt* an. Anschließend erfolgen die Drehung und die Verlagerung des Körpers, indem der rechte Fuß mit weiter, flacher Führung nach vorn gesetzt wird. Hierbei drehen beide Beine voraus, so dass der Abwurf durch die Dreh-Streck-Bewegung des Körpers des Werfers erfolgt (s. Abb. 48). Die Ferse des rechten Fußes darf den Boden nicht berühren und der rechte Fuß muss aktiv gedreht werden. Primäres Ziel ist der „flüssige“ Übergang von der Rotation in die Translation.

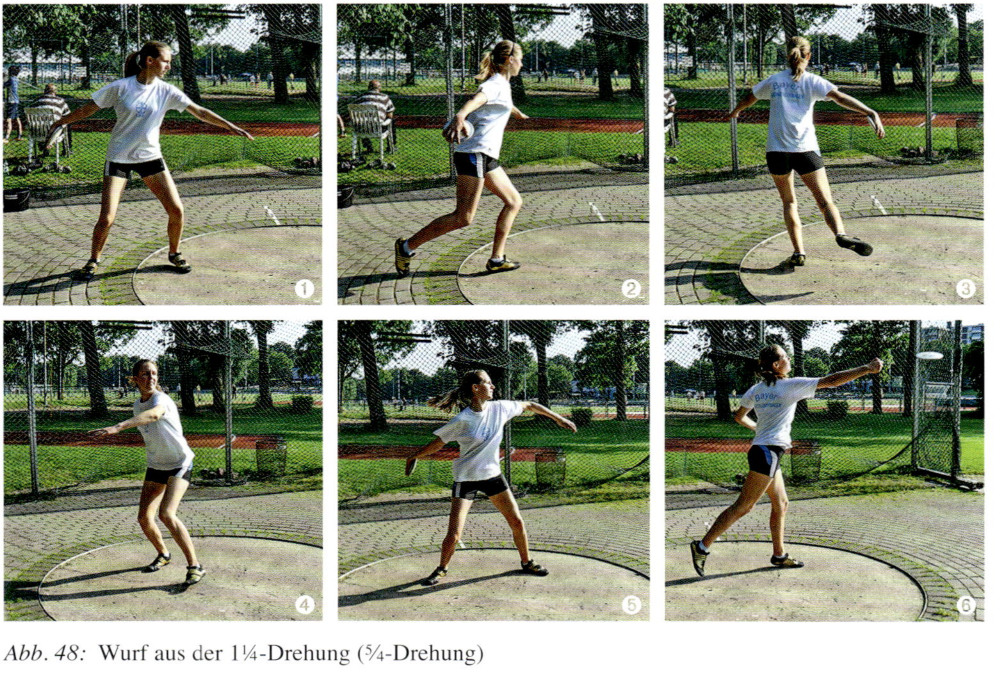

Abb. 48: Wurf aus der 1¼-Drehung (5/4-Drehung)

Würfe aus der 1½-Drehung (6/4-Drehung)

In der rückwärts in Wurfrichtung ausgerichteten Ausgangsstellung (Wurfringende!) stehen die Füße schulterbreit in der V-Stellung. Bevor der *Drehumsprung* erfolgt, beginnt der Pendelschwung mit angehobenen, parallel zum Boden geführten Armen. Der rechte Fußabdruck erfolgt nach Abschluss des Andrehens des linken Fußes. Die Führung des rechten Fußes und der Abwurf erfolgen analog zum Werfen aus der 5/4-Drehung.

Würfe aus 1½-Drehung

5.4 Fehler erkennen und Übungsaufgaben entwickeln

Beim Drehwerfen gelingt es Anfängern – vergleichbar zum Speerwerfen (Kap. 4.4) und Kugelstoßen (Kap. 6.4) – vielfach nicht, den Wurf mit dem „gesamten Körper" auszuführen, da „nur aus dem Arm" und mit geringer Beteiligung der Hüft- und Schulterrotation geworfen wird. Zudem fehlen das technisch korrekte Timing hinsichtlich der Bein-, Hüft- und Wurfarmaktionen sowie des Abwurfzeitpunkts und des Abflugwinkels. Hierdurch geht die während der Auftakt- und Andrehbewegung aufgebaute Beschleunigung des Wurfgeräts verloren.

Fuchser (2003) führt für das Drehwerfen (Rechtshänder) folgende Fehlerbilder an.

Hauptfehler

- *Andrehen*. Geringer Raumgewinn („Drehen auf der Stelle"), zu schneller Drehbeginn und „Wegdriften" nach links während der Drehung.
- *Weg des Schleuderballs und des Diskus*. Wellenförmig (hoch – tief).
- *Wurfauslage*. Fehlender Spannungsaufbau, vorzeitige Auflösung der Körperverwringung und zu weite oder zu enge Schrittposition.
- *Stemmbein*. Verspätet oder passiver Einsatz.
- *Abwurfstreckung*. Fehlender dynamischer Hüfteinsatz, keine Stemm- und Hebefunktion der linken Körperseite sowie seitliches Abknicken zum Zeitpunkt des Abwurfs.

Bewegungen korrigieren und variieren

Die optimale Bewegungsausführung des Schleuderballwerfens und des Diskuswerfens kann zum einen durch *Bewegungskorrekturen* und zum anderen durch die *Variation der Bewegungsausführung* sowie das *selbstständige Experimentieren* erreicht werden.

Übungsaufgaben zur Verbesserung der Andrehbewegung

Beim Andrehen Punkt mit den Augen fixieren

Das Augenmerk richtet sich beim *Andrehen* auf die ausreichende *Vorwärtsbewegung*. Anfänger verlieren während der Drehung vielfach das Gleichgewicht oder führen die Drehschritte mit flüchtigem Abdruck vom linken Bein aus. Dies bedingt den geringen Raumgewinn („Dreht auf der Stelle"). Der Sportler kann zur Vermeidung des Drehschwindels und des Orientierungsverlusts beispielsweise einen speziellen Punkt in der nahen Umgebung mit den Augen fixieren. Drehungen mit und ohne Abwurf sowie der Hinweis auf den langsamen Bewegungsbeginn und die Verwendung von Markierungshilfen (z. B. Linien) können ebenfalls hilfreich sein.

Leitet der Anfänger die Drehung mit dem Oberkörper anstatt mit den Beinen ein, befindet sich der Wurfarm in der Wurfauslage zu weit vorn. Dies bedingt die Verkürzung des Beschleunigungswegs (s. Kap. 1.4) und verhindert die Hüftvorspannung. Darüber hinaus wird der Diskus zu weit nach links geworfen. Als Vorübungen eignen sich Drehungen in die Wurfauslage mit *deutlich akzentuiertem Vorausdrehen der Beine* (s. Abb. 49) und aktivem Zurückhalten des Wurfarms („Gegenhalten").

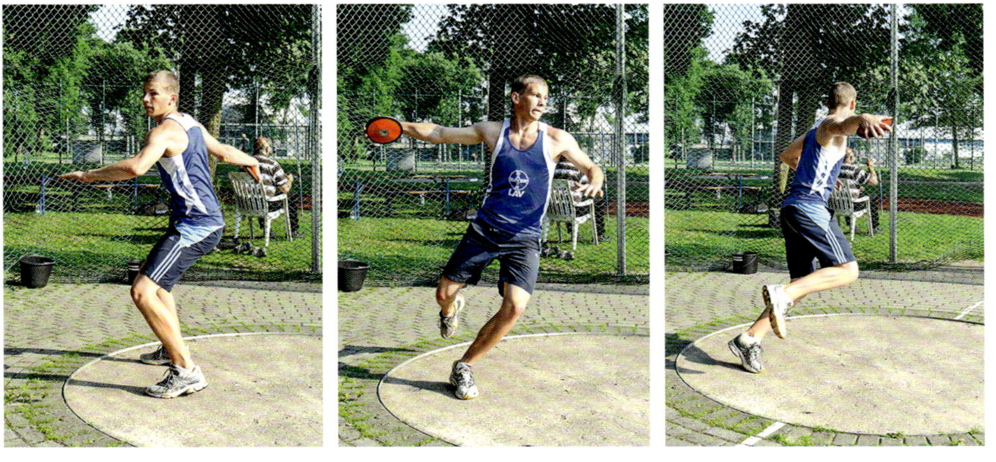

Abb. 49: Beine drehen voraus

Auf einer Linie drehen!

Streckt der Athlet zu Beginn der Körperdrehung die Kniegelenke, führt dies zwangsläufig zur *„Wellenbewegung" des Wurfarms und des Wurfgeräts* („Berg-und-Tal-Fahrt") sowie im *Abwurf zur fehlerhaften Körperstreckung*, da die Kniegelenke bereits während der Drehung gestreckt werden. Als Korrekturübungen eignen sich Drehbewegungen auf der Linie mit bewusst tief gehaltenem Körperschwerpunkt (gebeugte Kniegelenke mit dem letzten Bodenkontakt strecken!). Durch Imitationsübungen können das *Gegenhalten* und der *schnelle linke Fußaufsatz bis in die Wurfauslage* akzentuiert werden.

Gegenhalten und schneller Fußaufsatz!

Übungsaufgaben zur Verbesserung der Abwurfbewegung

Wenn sich der Oberkörper während des Abwurfs mit frühzeitigem Wurfarmeinsatz zu weit zur Seite neigt („Schulter kippt“) und zusätzlich die notwendige Hüftdrehung in Wurfrichtung fehlt, dann fliegt der Diskus beim Rechtswerfer nicht waagerecht und zu weit nach links. Standwürfe aus der Seitgrätschstellung mit aufgerichteter Schulter können dieses Fehlerbild vermeiden helfen. Des Weiteren wirkt sich die fehlende Körperstreckung im Abwurf negativ auf die Abflughöhe und den Abflugwinkel aus. Als Korrekturübungen eignen sich Standwürfe mit akzentuierter Dreh-Streck-Bewegung der Beine und Würfe aus der langsamen Drehung (s. Abb. 50).

Aufrechte Schulter im Abwurf

Drehstreckbewegung akzentuieren!

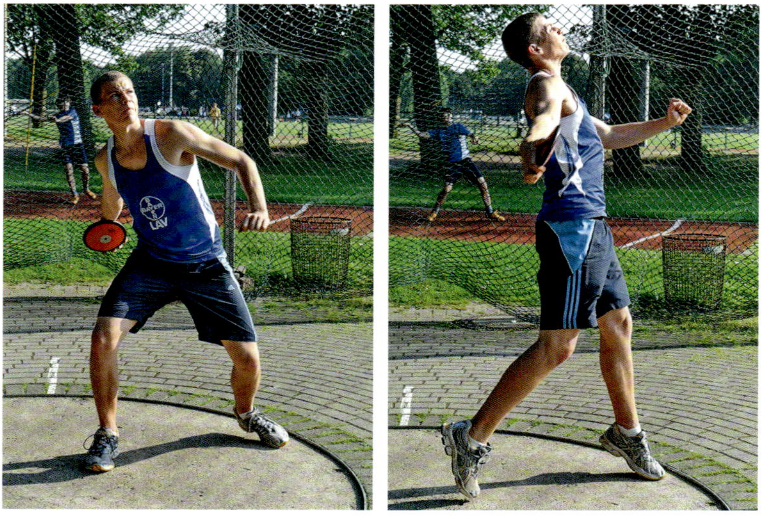

Abb. 50: Akzentuierte Dreh-Streck-Bewegung

Nach dem Abwurf muss der Diskus mit großer Eigenrotation waagerecht fliegen und darf nicht flattern. Die technisch korrekte Handhaltung beim Abwurf verdeutlicht das Rollen des Diskus über den Zeigefinger. Fliegt der Diskus mit einem zu steilen Anstellwinkel, kann dem „hängenden Wurfarm“ entgegengewirkt werden, indem der Sportler Standwürfe mit einem weiten Bahnradius (Handrücken nach oben!) und Würfe aus der Drehung mit hoher Wurfarmführung erprobt.

Variation der Bewegungsbedingungen

Die Variation der Bewegungsbedingungen fördert die Optimierung der motorischen Anpassungsfähigkeit der Sportler (s. Kap. 2.3 u. 3.4). Besondere Körper- und Bewegungserfahrungen ermöglichen das kontrastreiche Werfen mit

Bewegungsbedingungen variieren

- verschiedenen Ausführungsvariationen (z. B. langsame und schnelle Bewegungen mit abwechselnden Abflugwinkeln, aus dem Stand oder mit Drehung),
- unterschiedlichen Wurfgeräten (s. Kap. 5.5: Hinweise zum Material) und
- Fokus auf den rhythmischen Bewegungsablauf.

Anregungen zum selbstständigen Experimentieren

Für das Drehwerfen thematisieren Zeuner et al. (2010) folgende Möglichkeiten des selbstständigen Experimentierens (s. Kap. 3.4 u. 4.4).

Selbstständig experimentieren

- Variation der Drehgeschwindigkeit. Bei welcher Andrehgeschwindigkeit gelingt der Wurf am besten?
- Wie bringt der Sportler das Wurfgerät zum Fliegen?
- Wie viele Drehungen erscheinen sinnvoll (Bis zur 1¾ -Drehung!)?
- Wie gelingen die Drehungen mit deutlichem Raumgewinn?

5.5 Lernen und Trainieren organisieren

Die nachfolgenden Hinweise und Anregungen gelten für die Aneignung sowie die Optimierung des Drehwerfens mit dem Schleuderball und dem Diskus.

Material

- Vorteilhafte Voraussetzungen für die Einführung des Drehwerfens stellen die vielfältige Geräteausstattung und ein Wurf- oder Rasenplatz dar.

Alternative Wurfgeräte

- Würfe mit Schleuderbällen, Fahrradreifen, Wurfringen oder selbst gebastelten Wurfmaterialien (z. B. Schleuderstrümpfe, Tücher mit großem Endknoten, Schweifbälle, Gartenschlauchringe) erleichtern die Nachschleppbewegung, verdeutlichen den technisch korrekten Bewegungsablauf und vereinfachen die Sicherheitsmaßnahmen.
- Sportschuhe mit glatten Sohlen verwenden, da durch die Drehung der Füße auf dem Boden eine große Reibungsenergie entsteht!

Sicherheit

Sicherheitsaspekte

- Für das Schleuderballwerfen und das Diskuswerfen gelten die grundsätzlichen Sicherheitsmaßnahmen des Werfens und des Stoßens (s. Kap. 2.3).
- Würfe mit dem Diskus aus der Gesamtbewegung sollten möglichst im Wurfkreis mit Schutzgitter erfolgen. Die nicht werfenden Sportler warten außerhalb des Wurfkäfigs. Die Geräte werden gemeinsam in der „Wurfpause" geholt.

Technik

- Wird das Schleuderballwerfen zur Vorbereitung des Diskuswerfens eingesetzt, ist zu beachten, dass die seitliche Wurfbewegung und nicht die Schwungbewegung von „hinten-oben" nach „unten" am Standbein vorbei „vorwärts-aufwärts" geschult wird.
- Beim Abwurf sollte das Stemmbein „stehen" bleiben (Stützabwurf). Zeigen Anfänger die Tendenz zum „Herausspringen" (Sprungabwurf), sollte dies nur dann gestattet werden, wenn die Wurfweite und die Bewegungsqualität nicht beeinträchtigt werden.

Technische Ausführung

- Die Drehbewegung kann in der Aufwärmphase durch Läufe mit Drehungen und direktem Weiterlaufen ausgebildet werden. Bei Rechtshändern auf die Fußabfolge „Links – Rechts – Links" achten!
- Drehbewegungen könnnen im Rahmen von „Trockenübungen" entlang der Begrenzungslinien der Laufbahn kontrolliert werden (Rechtswerfer: rechter Fuß auf der Linie, linker Fuß versetzt hinter der Linie).
- Zur Überprüfung der Fußstellung kann im Wurfring die Markierungslinie längs in Wurfrichtung verwendet werden.
- Der Diskus sollte derart geworfen werden, dass die Rotation um die Diskusachse entsteht. Hierdurch „liegt der Diskus auf dem Wind" und taumelt nicht.
- Anfängern gelingt vielfach keine adäquate Kopplung der beiden Hauptbeschleunigungsphasen (Drehen und Werfen), so dass der Rotationsweg auf maximal 1¼-Drehungen begrenzt bleiben sollte.

Methodik

- Im Anfängerbereich steht beim Drehwerfen das Sammeln vielfältiger (Dreh-)Wurferfahrungen im Vordergrund. Hierzu zählen das Werfen mit unterschiedlichen Wurfgeräten, das besonders hohe und flache Werfen, das frühe oder späte Loslassen des Wurfgeräts sowie das Werfen mit der dominanten und nicht dominanten Extremität.

Methodische Hinweise

- Während der Vermittlung des Drehwurfs sollten die allgemeinen Übungen – in Abhängigkeit vom Alter und Technikniveau – allmählich durch spezielle Technikübungen ergänzt werden.
- Insbesondere beim Drehwerfen sollten individuelle Ausführungsspielräume bestehen. Wenn 10-jährige Kinder bereits aus der vollständigen Körperdrehung werfen, dann sollte in Wettkämpfen die Wurfauslage im Vordergrund stehen.

5.6 Wettkämpfe

Pädagogisch orientierte Wettkampfformen

Pädagogisch orientierte Wettkampfformen dienen der allmählichen Hinführung zu den normierten leichtathletischen Wettkampfformen des Schleuderballwerfens und des Diskuswerfens. Folgende alternative Wettkampfformen bieten sich an.

Pädagogisch orientierte Wettkampfformen

- *Wurfexperimente*. Mit welchem Gerät kann weiter geworfen werden: Staffelholz (Griff in der Mitte oder am Ende), Gymnastikstab (Griff im letzten Drittel oder am Ende), Fahrradreifen, Ring, kleiner Plastikreifen oder großer Plastikreifen?
- *Zielwürfe*. Mit dem Ring, Stab oder Wurfreifen den Mittelkreis des Fußballfelds treffen. „Einfädeln" von Wurfreifen über Hochsprungständer, Stangen oder Eckfahnen (Abstand: 5 – 10 m).
- *Partnertreiben*. Zwei Sportler stehen sich im Spielfeld gegenüber. Der Wurfreifen wird zum Partner geworfen. Dieser wirft den Wurfreifen von der Landestelle zurück. Ziel ist es, den Partner über die Grundlinie des Spielfelds zu treiben.

DLV Wettkampfsystem Kinderleichtathletik

Das *Drehwerfen* ist fest im offiziellen *DLV Wettkampfsystem Kinderleichtathletik* verankert (DLV, 2018; 2020).

- In der Altersklasse U 8 (Alter: 6 – 7 Jahre) wird das Wurfgerät (Tennisring, Fahrradreifen, Schweifball, Schleuderball) aus der Wurfauslage möglichst weit geworfen.

- In der Altersklasse U 10 (Alter: 8 – 9 Jahre) erfolgt das Werfen nach der vollständigen Körperdrehung (4/4-Drehung).
- In der Altersklasse U 12 (Alter: 10 – 11 Jahre) wird nach maximal 1½-Drehungen geworfen.

DLV Wettkampfsystem Kinderleichtathletik

In den Altersklassen U 8 bis U 12 werden die *Weitenpunkte* als Team gesammelt und die Teamwertungen in eine Rangfolge gesetzt. In der Altersklasse U 12 sind Einzelwertungen möglich (DLV, 2018; 2020).

Deutsches Sportabzeichen (DOSB)

Deutsches Sportabzeichen (DOSB)

Der Drehwurf wird ebenfalls im Rahmen des Deutschen Sportabzeichens (DOSB) angeboten. Der hierbei verwendete Tennisring (160 – 220 g, Außendurchmesser: 15 – 18 cm) muss in vier Versuchen so weit wie möglich geworfen werden. Die Addition der drei besten Versuche ergibt die Gesamtleistung.

Wettkampfbestimmungen

Diskuswürfe müssen aus dem Wurfkreis, der Umzäunung oder dem Wurfkäfig ausgeführt werden, um die Sicherheit der Zuschauer, der Kampfrichter und der Wettkämpfer zu gewährleisten. Tabelle 4 und 5 führen die Altersklassen, Schleuderballgewichte und Diskusgewichte auf.

Messen der Leistung

Messen der Leistung

Jeder gültige Wurf wird vom nächstliegenden Punkt des Diskusabdrucks bis zur Innenkante des Kreisrings entlang einer geraden Linie gemessen, die bis zum Kreismittelpunkt führt (s. Abb. 51). Der 0-Punkt des Bandmaßes wird am „nächstliegenden“ Abdruck des Diskus angelegt. Anschließend wird das gerade gespannte Bandmaß über den Abwurfbalken zum Kreismittelpunkt gezogen. Die Leistung wird an der Innenkante des Kreisrings in ganzen Zentimetern abgelesen

Im *Schulsport* kann beim Diskuswerfen und Schleuderballwerfen zur Vereinfachung der Weitenmessung im Ausnahmefall (entgegen den offiziellen Wettkampfbestimmungen) derart gemessen werden, dass der jeweils weiteste Versuch mit einer Stecktafel markiert und erst am Ende des Wettkampfs ausgemessen wird.

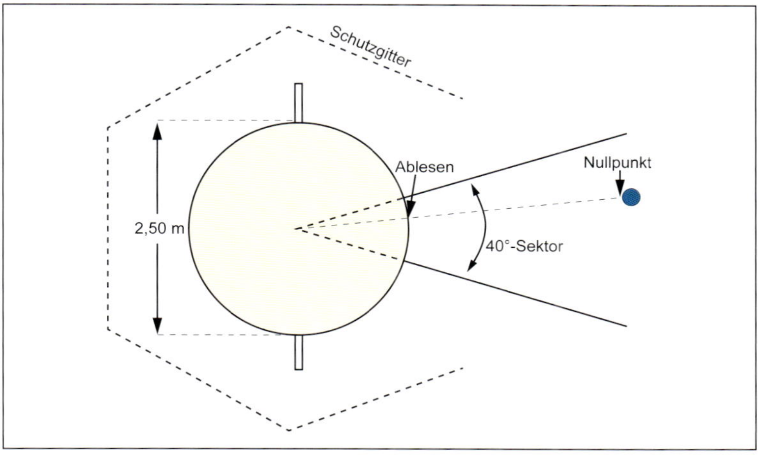

Abb. 51: Diskuswurfanlage und Messvorgang (mod. nach Haberkorn & Plaß, 1992, S. 216)

Ungültige Versuche

Ungültige Versuche

- Wenn während des Versuchs mit einem Körperteil der Boden außerhalb des Wurfkreises oder die Oberseite des Ringes berührt wird.
- Wenn *nach dem Abwurf*
  - der Wurfkreis verlassen wird, bevor der Diskus den Boden berührt.
  - der Wurfkreis mit dem 1. Schritt zur vorderen Hälfte verlassen wird.
  - der Diskus nicht innerhalb des Sektors aufkommt.

Schleuderballgewichte

Tab. 4: Schleuderballgewichte

Weiblich		Männlich	
Altersübergreifend	1,00 kg	**Altersübergreifend**	1,50 kg

Altersklassen und Diskusgewichte

Tab. 5: Altersklassen und Diskusgewichte

Weiblich		Männlich	
U 14 (12-13 J.)	0,75 kg	**U 14 (12-13 J.)**	0,75 kg
U 16 (14-15 J.)	1,00 kg	**U 16 (14-15 J.)**	1,00 kg
U 18 (16-17 J.)	1,00 kg	**U 18 (16-17 J.)**	1,50 kg
U 20 (18-19 J.)	1,00 kg	**U 20 (18-19 J.)**	1,75 kg
U 23 (20-22 J.)	1,00 kg	**U 23 (20-22 J.)**	2,00 kg
Frauen	1,00 kg	**Männer**	2,00 kg

5.7 Leseempfehlungen

Empfehlenswerte methodische Übungsreihen zur Aneignung des Drehwerfens mittels abwechslungsreicher Spiel- und Übungsformen sowie unterschiedlicher Wurfgeräte und Geländehilfen beschreiben Oltmanns (1992, 2001a, b), Lütgeharm (2011), Körner (2015), Heinicke und Hütcher (2016) in der Zeitschrift Leichtathletiktraining. Weitere anschauliche Praxisbeispiele findet der interessierte Leser in der oben angeführten Zeitschrift bei Salomon (2008), Körner (2015) und Fröhlich (2017).

Leseempfehlungen

Kapitel

6

Kugelstoßen

6.1 Voraussetzungen schaffen

6.2 Grundlegende Technikmerkmale erkennen

6.3 Techniken aneignen, variieren und optimieren

6.4 Fehler erkennen und Übungsaufgaben entwickeln

6.5 Lernen und Trainieren organisieren

6.6 Wettkämpfe

6.7 Leseempfehlungen

Kinder und Jugendliche beherrschen die Stoßbewegung im Gegensatz zur Wurfbewegung ausgesprochen selten. Während beim Werfen das Wurfgerät in der Ausholbewegung hinter der Schulterachse und dem Ellbogengelenk „geschleppt“ sowie zum Abschluss abgeworfen wird, befindet sich beim Stoßen die Kugel zum einen vor der Schulterachse, dem Ellbogengelenk und der Hand, zum anderen muss der Sportler die Kugel beim Abstoß drücken und schieben.

6.1 Voraussetzungen schaffen

Das Kugelstoßen erfordert eine besonders ausgeprägte Kraftfähigkeit und Koordinationsfähigkeit. Als Vorübungen eignen sich das vielseitige Stoßen und Werfen mit Medizinbällen über Hindernisse, auf Ziele oder zu einem Partner. Medizinbälle sind leichter als Kugeln und reduzieren somit die Verletzungsgefahr. Im Allgemeinen verfügen Sporthallen über eine größere Anzahl an Medizinbällen (Hohe Übungsintensität!).

Mit dem Medizinball werfen und stoßen

Werfen und Stoßen mit dem Medizinball

Zur Vorbereitung auf das Kugelstoßen eignen sich spezielle Übungen mit dem Medizinball beispielsweise *vom Schockwurf über den Druckwurf zum Stoßen*. Ein- und beidarmige Medizinballwürfe dienen zum einen der Oberkörper- und Wurfkraftentwicklung, zum anderen der Technikschulung (Oltmanns, 2003; Eberle, 2007). Üblicherweise stoßen Anfänger zunächst mit dem Medizinball aus dem Stand und im weiteren Übungsverlauf aus dem Angehen oder Anlaufen. Vergleichbar mit den Wurfbewegungen verläuft die Stoßbewegung über die Muskelkette *Beine – Hüfte – Oberkörper – Schulter – Stoßarm – Stoßhand*.

Beidarmige Überkopfwürfe

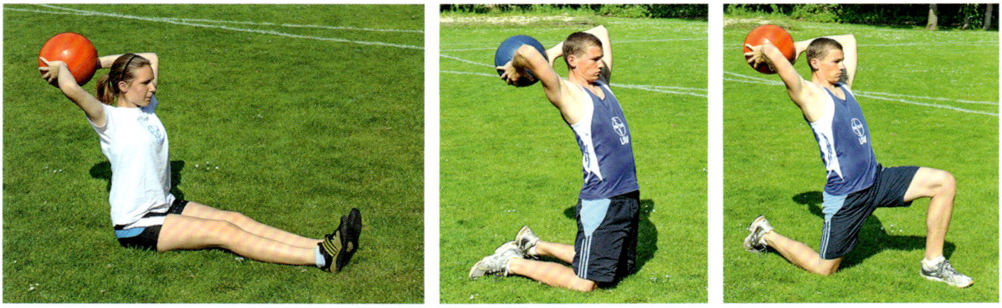

Abb. 52: Beidarmige Überkopfwürfe aus der Sitz- und Knieposition

Beidarmiger Überkopfwurf im Sitzen und Knien

Den Medizinball beidhändig aus verschiedenen Sitz- und Kniepositionen nach „vorn-oben" werfen (s. Abb. 52) beispielsweise aus dem beidbeinigen Kniestand oder dem Kniestand mit vorgesetztem Bein, (Ohne mit dem Oberkörper seitlich auszuweichen!), aus dem Oberkörper, der Schulter oder dem Arm.

Beidarmiger Überkopfwurf aus dem Stand

Überkopfwürfe

Aus dem Stand mit paralleler hüftbreiter Fußstellung den Medizinball mit ausgeprägter Körpervorspannung mit beiden Händen über Kopf nach vorn werfen. Variation: Überkopfwurf gegen die Hallenwand, den Medizinball auffangen und für die neue Wurfbewegung direkt nach hinten führen.

Beidarmiger Überkopfwurf aus der Schrittstellung

Aus der Schrittstellung mit dem Medizinball beidhändig seitlich nach „hinten-oben" bis hinter den Kopf ausholen (Wurfauslage) und mit explosiver Körperstreckung beidhändig nach „vorn-oben" abwerfen (s. Abb. 53). In der Schrittstellung das linke oder rechte Bein (Stemmbein) nach vorn stellen.

Überkopfwurf aus der Schrittstellung

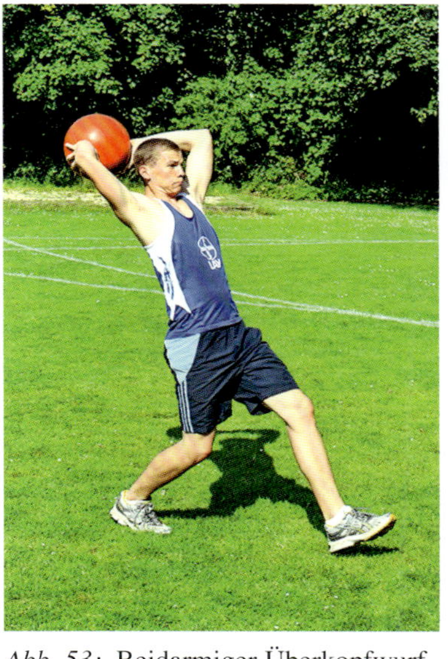

Abb. 53: Beidarmiger Überkopfwurf

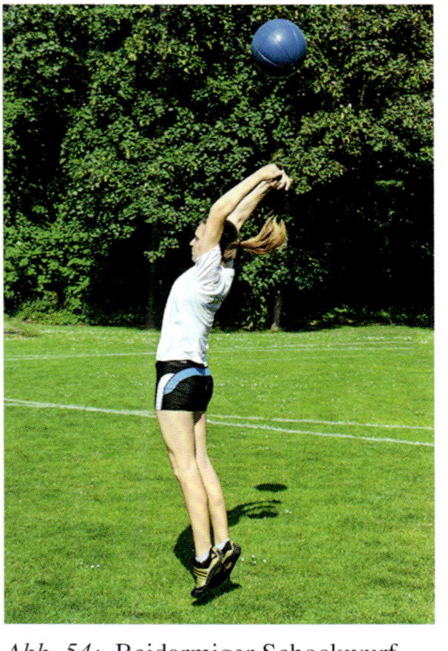

Abb. 54: Beidarmiger Schockwurf rückwärts

Beidarmiger Schockwurf vorwärts

Schockwurf vorwärts und rückwärts

Den Medizinball aus der frontalen Ausgangsposition und der Hockposition nach „vorn-oben" werfen.

Beidarmiger Schockwurf rückwärts

Ausgangsposition ist der Stand (Parallele hüftbreite Fußstellung!) in der Hockposition mit dem Rücken in Wurfrichtung. Der Medizinball wird mit in den Ellbogengelenken gestreckten Armen vor den Knien gehalten und mit explosiver Streckung der Bein- und der Hüftgelenke (nach hinten abdrücken!) über den Kopf nach hinten geworfen (s. Abb. 54).

Beidarmiger Schockwurf seitwärts

Schockwurf seitwärts

Den Medizinball aus dem Stand mit geringfügig gebeugten Kniegelenken und Rücken in Wurfrichtung mit der Streck-Dreh-Bewegung von links-unten (Hüfthöhe) nach „rechts-oben" werfen.

Bei allen Schockwürfen sollte auf die Ganzkörperstreckung unter Akzentuierung des Beineinsatzes und der Gliederkette *Füße – Knie – Hüfte – Oberkörper – Schultern – Arme – Hände* geachtet werden.

Beidarmiger Druckwurf

Beidarmiger Druckwurf

Den Medizinball mit paralleler schulterbreiter Fußstellung (Variation: Schrittstellung) und „hohen" Ellbogengelenken beidhändig vor der Brust halten und aus der geringen Hockposition druckvoll nach „vorn-oben" beschleunigen. Während der Körperstreckung verlagert sich das Körpergewicht vom hinteren Bein auf das vordere Bein (s. Abb. 55).

Vor dem Abwurf zeigen beide Ellbogengelenke nach außen. Am Bewegungsende klappen die Hände nach außen. Besondere Beachtung findet die Körperstreckung, das lange Nachdrücken und die „hohe" Ellbogenposition.

Einarmiges Stoßen (rechts und links)

Den Medizinball in der *Parallelstellung frontal zur Stoßrichtung* mit einer Hand vor der rechten Schulter halten (Rechtshänder), mit der anderen Hand von vorn stabilisieren, die rechte Schulter geringfügig zurücknehmen und die Vorspannung aufbauen. Das Abstoßen des Medizinballs erfolgt durch die aktive Streckung der Fuß-, Knie-, Hüft- und Ellbogengelenke.

Aus der *Schrittstellung* – das dem Stoßarm entgegengesetzte Bein steht vorn – das Körpergewicht mit geringer Körperverwringung auf das hintere Bein verlagern (Stoßauslage) und den Medizinball einarmig mit der auf dem rechten Fuß beginnenden Streck-Dreh-Bewegung von „hinten-unten" nach „vorn-oben" abstoßen, während die andere Hand den Ball führt (s. Abb. 56).

Beim *Standstoß gegen die Hallenwand* den Medizinball aus der Stoßauslage explosiv gegen die Hallenwand stoßen (Abstand: 2–3 m), den zurück prallenenden Ball auffangen und direkt die Stoßauslage einnehmen.

Anfänger üben zunächst im Stand und anschließend aus dem 3-Schritt-Rhythmus (Wechselschritt, Angleiten). Hierbei sollten folgende Bewegungsmerkmale beachtet werden.

... vom Stand zum Angehen und Angleiten

- Einhändiger Abstoß
- Druckwechsel in den Beinen
- *Druckbein*. Aktive Streckbewegung
- *Technisch korrekte Abfolge der Teilimpulse*. Knie – Hüfte – Schulter – Arm
- *Freier Arm*. Lange Kugelführung
- *Linke Körperseite*. Blockbildung

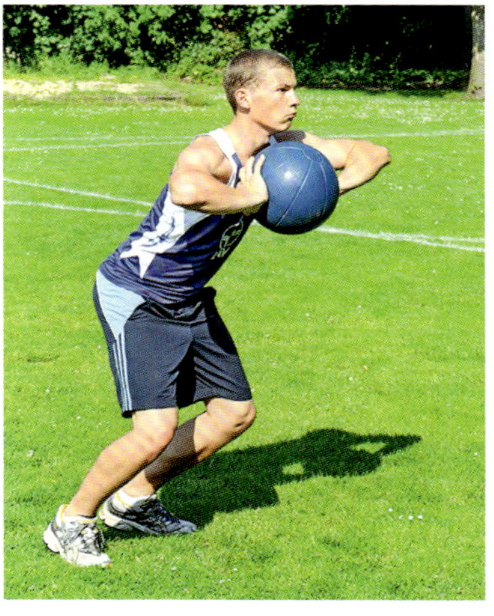

Abb. 55: Beidarmiger Druckwurf

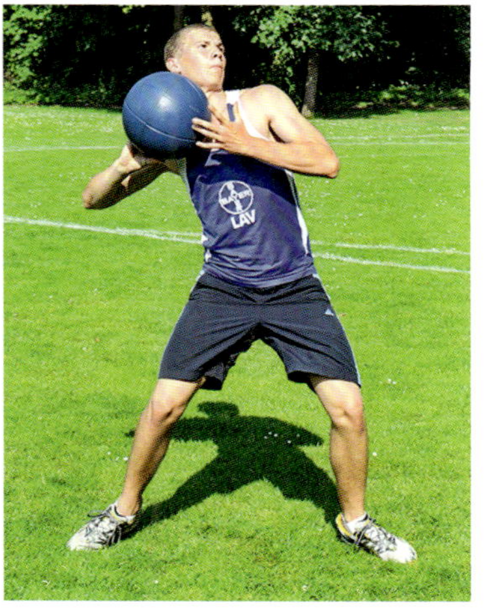

Abb. 56: Einarmiges Stoßen aus der seitlichen Schrittstellung

6.2 Grundlegende Technikmerkmale erkennen

Die etablierten Kugelstoßtechniken – *Wechselschritttechnik, Angleittechnik* und *Drehstoßtechnik* – unterscheiden sich in erster Linie hinsichtlich der Auftaktphase und der Vorbeschleunigungsphase (Angehen und Anschreiten vs. Angleiten vs. Andrehen). Die *Wechselschritttechnik* (2-Schritt-Technik rückwärts) etabliert sich aufgrund mangelnder Vorbilder im Spitzenbereich bislang nur im leichtathletischen Mehrkampf. Die Wechselschritttechnik unterscheidet sich von der Angleittechnik dadurch, dass die anfängliche Gewichtsverteilung nicht auf dem Druckbein, sondern auf dem späteren Stemmbein erfolgt. Dies bedingt den Beinwechsel, der das Druckbein konditionell und koordinativ entlastet. Aus diesem Grund dient der schnelle, sprungartig ausgeführte Wechselschritt als Ersatz für den relativ komplexen Nachstell- oder Drehschritt (Rechtshänder: Von links nach rechts!).

Unterschiede Wechsel-, Angleit-, und Drehstoßtechnik

Exkurs **Wechselschritttechnik**

Spitzenathleten erreichen mit der Wechselschritttechnik und der Angleittechnik vergleichbare Stoßweiten. Mehrkämpfer erzielen mit der Wechselschritttechnik sogar bessere Stoßleistungen. Von Vorteil erscheint diese Stoßtechnik für Athleten, denen einerseits die Kraftvoraussetzungen im Druckbein fehlen und die andererseits beim Setzen des Stemmbeins zu weit in Stoßrichtung gedreht stehen.

Für Anfänger und Nichtspezialisten stellt die Wechselschritttechnik eine schnell zu erlernende Stoßtechnik dar. Zum einen kann das Druckbein mit dem Wechselschritt einfacher unter den Körper geführt werden. Zum anderen kann das linke Bein einfacher in die Mitte gesetzt werden, ohne die linke Körperseite frühzeitig zu öffnen. Des Weiteren vereinfacht die natürliche Bewegung von Bein und Gegenarm das Zurückhalten des Oberkörpers und des linken Arms (Kollark, 2007; Salzer, 2007; Hommel & Schrader, 2008; Salzer & Killing, 2012).

Exkurs

... für Anfänger besser geeignet

Für den *Anfängerbereich* bietet die *Wechselschritttechnik* aufgrund des harmonischen Bewegungsablaufs besondere Vorteile, um die optimale Stoßauslage zu „erzwingen". Körperlich schwächere Sportler erzielen mit dieser Stoßtechnik die größte Vertikalbeschleunigung. Die Wechselschritttechnik kann dann schnell erlernt werden, wenn der Rhythmus *„rechts – links- rechts"* (oder umgekehrt) beherrscht wird. Die Wechselschritttechnik dient der Vorbereitung der Angleit- und Drehstoßtechnik. Die beiden letztgenannten Kugelstoßtechniken erfordern jedoch ein hoch ausgeprägtes koordinatives und konditionelles Leistungsniveau, so dass sich diese Stoßtechniken nur für leistungsstarke, bewegungserfahrene Jugendliche eignen. Nach Einschätzung zahlrei-

Wechselschritttechnik

... natürliche, flüssige Bewegung

... gute Alternative

cher erfahrener Leichtathletiktrainer ist die Wechselschritttechnik im Jugendbereich nicht nur als alternative Trainingstechnik, sondern auch als Wettkampftechnik einsetzbar (Salzer & Killing, 2012). Die Wechselschritttechnik und die Angleittechnik werden in den nachfolgenden Abschnitten gemeinsam dargestellt.

Beschreibung der Wechselschritttechnik und der Angleittechnik

Technisch korrekte Kugelhaltung

Die *Wechselschritttechnik* und die *Angleittechnik*, bei denen der Athlet in der Ausgangsposition am hinteren Rand des Stoßrings mit dem Rücken in Stoßrichtung steht, setzen die *technisch korrekte Kugelhaltung* voraus. Die an den Hals gedrückte Kugel (Schlüsselbeingrube) liegt ausschließlich auf den Fingerwurzeln und wird seitlich durch den Daumen und den kleinen Finger gestützt. Das angehobene Ellbogengelenk zeigt seitlich vom Oberkörper weg. Beide Stoßtechniken charakterisieren übereinstimmend *vier abgrenzbare Bewegungsphasen:* Auftakt, Angehen oder Angleiten in die Wurfauslage, Abstoßen und Abfangen. Die nachfolgende Bewegungsbeschreibung orientiert sich an der Stoßtechnik des Rechtshänders.

Auftaktphase

Nach individuellem Auftakt beginnt der Athlet den Stoß mit dem Rücken in Stoßrichtung. Der Oberkörper wird mit parallel verlaufender Schulter- und Beckenachse im Hüftgelenk weitgehend waagerecht zum Boden gebeugt. Durch die Kniegelenksbeugung des Standbeins (ca. 120°) nimmt der Sportler die „Kauerstellung" ein (Standwaage). Das Körpergewicht ruht auf dem Standbein und das Schwungbein wird im Kniegelenk angewinkelt. Die Kugel befindet sich am tiefsten Punkt der Stoßbewegung in der sogenannten *Startposition*.

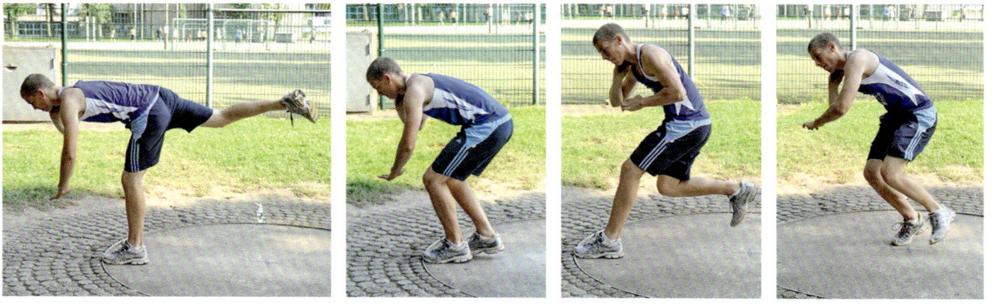

Abb. 57: Auftakt der Wechselschritttechnik

Wechselschritttechnik. Das Standbein stellt das zukünftige (linke) Stemmbein dar. Das spätere rechte Druckbein arbeitet zunächst als Schwungbein und wird in der „Kauerstellung" an das linke Standbein herangeführt (s. Abb. 57 u. 59).

Angleittechnik. Das Standbein stellt das zukünftige (rechte) Druckbein dar. Das linke Schwungbein (spätere Stemmbein) wird in der „Kauerstellung" zum rechten Standbein geführt (s. Abb. 58 u. 60).

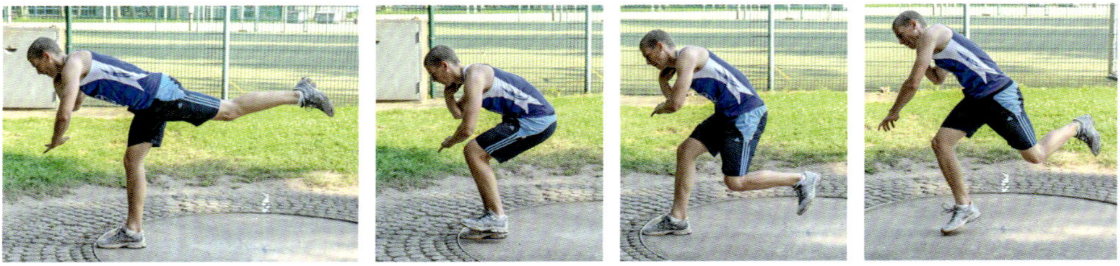

Abb. 58: Auftakt der Angleittechnik

Angehphase oder Angleitphase

Angeh- oder Angleiten

Der Athlet streckt das Schwungbein aus der Kauerstellung und das Standbein im Kniegelenk aktiv nach hinten in Stoßrichtung zum Stoßbalken. Sobald der Körperschwerpunkt den Fuß passiert, erfolgt der kraftvolle, flache Abdruck des Standbeins über die Ferse in Stoßrich-

Wechselschritttechnik

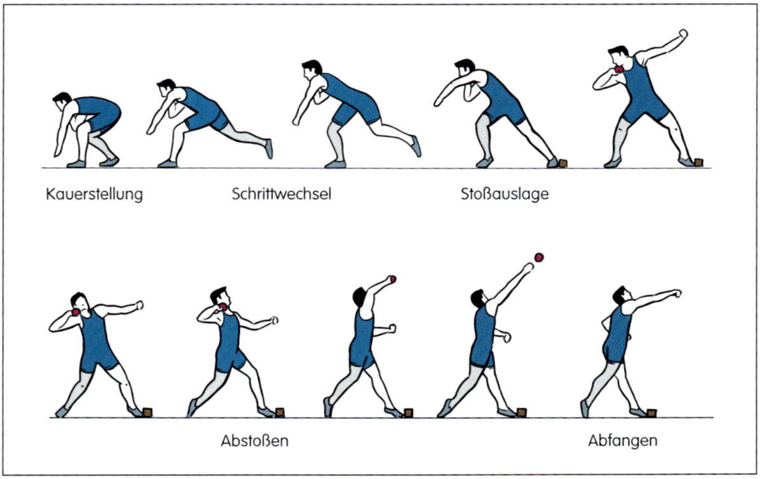

Abb. 59: Wechselschritttechnik

tung. Der Oberkörper bleibt gebeugt und der linke Arm zeigt nach hinten (entgegen der Stoßrichtung!).

Wechselschritttechnik. Das *Schwungbein* wird bis in die Stoßkreismitte flach geführt und aktiv mit dem Fußballen unterhalb des Körperschwerpunkts aufgesetzt. Mit dem Fußaufsatz dreht der Fuß in Stoßrichtung und das Kniegelenk wird geringfügig gebeugt. Das Standbein überholt in der Luft mit flacher Führung das Schwungbein und setzt mit der Fußspitze vor dem Stoßbalken auf (s. Abb. 57).

Angleittechnik. Das *Standbein* wird bis zur Stoßkreismitte flach geführt, schnell unter den Körper gezogen und aktiv mit dem Fußballen unterhalb des Körperschwerpunkts aufgesetzt. Nach der „Unterziehbewegung" des Unterschenkels wird der Fuß beim Aufsetzen auf den Boden in Stoßrichtung eingedreht und das Kniegelenk geringfügig gebeugt. Das Schwungbein setzt mit flacher Führung unmittelbar nach dem Druckbein mit der Fußspitze vor dem Stoßbalken auf (s. Abb. 58). Während der Angleitbewegung wird der Bodenkontakt aufrecht gehalten.

Angleittechnik

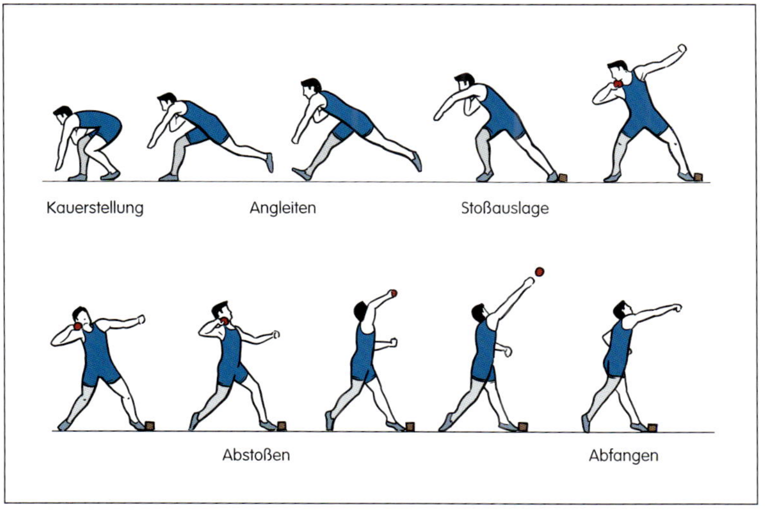

Abb. 60: Angleittechnik

Beide Stoßtechniken zeichnen sich durch das schnelle Aufsetzen des Druck- und Stemmbeins aus. Der Oberkörper wird nicht aufgerichtet und zusammen mit dem linken Arm lange zurückgehalten, während die Hüftquerachse der Drehbewegung folgt und in Stoßrichtung zeigt.

Stoßauslage

Das vordere (linke) Bein (Stemmbein) ist im Kniegelenk minimal gebeugt (ca. 160°), seitlich nach hinten versetzt und in den Gelenken fixiert. Das hintere (rechte) Bein (Druckbein) wird im Kniegelenk 120° bis 130° gebeugt und in Stoßrichtung geringfügig einwärts gedreht. Der im Hüftgelenk abgewinkelte Oberkörper und das linke Bein bilden eine Gerade. Der Körperschwerpunkt befindet sich oberhalb des einwärts gedrehten (rechten) Druckbeins. Die Schulterachse steht quer zur Stoßrichtung und die Beckenachse in Stoßrichtung. Die Kugel befindet sich hinter dem rechten Fuß (Druckbein). Der linke Arm wird entgegen der Stoßrichtung im Ellbogengelenk gestreckt und der Rücken des Sportlers zeigt in Stoßrichtung.

Stoßauslage

Abstoßphase

Die schnelle aktive Bewegung des Druckbeins nach „vorn-oben“ (Hinteres Bein: Streck-Schwenk-Drehbewegung!) beginnt mit dem Aufsetzen des Stemmbeins. Anschließend erfolgt die Gewichtsverlagerung auf das fixierte vordere (linke) Stemmbein verbunden mit der Aufrichtung des Oberkörpers. Durch die Vorwärts-Einwärtsdrehung von Fuß, Knie, Hüfte und Schulter dreht der Körper des Sportlers in die Stoßrichtung. Die kraftvolle Druckarbeit des rechten Beins und die Stemmarbeit des linken Beins sorgen für den Spannungsaufbau im Brust- und Schulterbereich. Bevor die Kugel den Hals verlässt, wird die maximale Spannung erreicht. Der aktive Einsatz des Schulterblocks (Rechtshänder: Linke Schulter!) unterstützt die explosive Körperstreckung nach „vorn-oben“. Die abschließende Streckung der Kniegelenke und des Ellbogengelenks des Stoßarms erfolgen explosiv. Hierdurch wird die rechte Hüftseite in Stoßrichtung nach vorn geführt und die linke Körperseite fixiert. Der Abstoß erfolgt aus der deutlichen Körper- und Armstreckung. Für die maximale Kraftübertragung muss sich der rechte Ellbogen im Moment des Abstoßes hinter der Kugel befinden. Die Finger sind im Abstoß nach innen gedreht. Durch das Nachschlagen der Hand und der Finger erlangt die Kugel die letzte Beschleunigung. Der Abflugwinkel der Kugel beträgt ca. 40°.

Abstoßen

Explosive Streckung der Beine und des Stoßarms

Abfang- und Umsprungphase

Die Kniebeugung des hinteren (rechten) Beins dient dem Abfangen der überschüssigen Körperenergie, indem der Körperschwerpunkt nach unten verlagert wird. Üblicherweise erfolgt ein flacher Umsprung auf das hintere (rechte) Bein.

Abfangen und Umspringen

Beschreibung der Drehstoßtechnik

Vorteile der Drehstoßtechnik

Im Spitzensport gewinnt die räumlich-zeitliche anspruchsvolle *Drehstoßtechnik* zunehmend an Bedeutung. Der maßgebliche Vorteil liegt in der durch die große Verwringung von Schulter- und Hüftachse erzielte große Vorspannung begründet. Die Kugel „wartet" im Einbeinstütz durch die Geschwindigkeitsverlangsamung auf den Athleten, anstatt wie bei der Wechselschritt- und Angleittechnik dem Sportler vorauszueilen (Salzer & Killing, 2012).

Drehstoßtechnik auf dem Vormarsch!

Der *Drehstoß* beginnt in der Startphase mit dem Rücken in Stoßrichtung. Die Füße stehen schulterbreit, die gebeugten Kniegelenke zeigen geringfügig nach außen und die Kugel presst mit hohem Ellbogengelenk seitlich gegen den Hals. Der Oberkörper dreht beim Rechtshänder unterstützt durch den freien Arm weit nach rechts auf das rechte Bein und verwringt sich gegen die Beine (1. muskuläre Vordehnung). Die *Oberkörperdrehung* beginnt aus der Bewegungsumkehrposition über das rechte auf das linke Bein (Vergleichbar dem Diskuswerfen). Das rechte Bein wird aktiv vom Boden gelöst und während der Drehung der Oberkörper-Stützbeinachse um den linken Vorderfuß im Kniegelenk gestreckt sowie nach außen geführt. Im Anschluss an die halbe Körperdrehung springt der Sportler mit aktivem linken Fuß bei gleichzeitig energischem Knieeinsatz des rechten Beins um. Der rechte Fuß setzt deutlich hinter der Stoßkreismitte flach auf. Der *Schwungarm* führt die Gegenbewegung zum Körper aus und trägt wesentlich zur Verwringung zwischen der Hüft- und Schulterachse bei. Beide Beine werden in schulterbreitem Abstand aktiv auf den Boden gesetzt (Stemmbein – beim Rechtshänder das linke Bein – in Balkennähe!). Die *Ausstoßphase* beginnt mit der aktiven Dreh-Streck-Bewegung des rechten Hüft- und Kniegelenks (Killing, 2021).

Beim *Ausstoß der Kugel* bildet die linke Körperseite einen Block. Während sich die Kniegelenke strecken, drehen die Füße weiter und zeigen dann in Stoßrichtung, wenn die Stoßhand vom Hals gelöst wird. Anschließend heben beide Beine vom Boden ab („Herausspringen") und der Stoßarm wird im Ellbogengelenk explosiv nach „vornoben" gestreckt. Nach dem Abstoß landet der Sportler auf dem rechten Bein. Der *sichere Stand* wird durch die Ausgleichbewegung des linken Beins, der beiden Arme und des Oberkörpers erlangt (Goldmann, 2005).

Tabelle 6 beschreibt die Vorteile und Nachteile der drei Kugelstoßtechniken.

Tab. 6: Vorteile und Nachteile der Wechselschritttechnik, der Angleittechnik und der Drehstoßtechnik (mod. nach Fuchser, 2003; 2004)

Vor- und Nachteile der drei Kugelstoßtechniken

	Vorteile	Nachteile
Wechsel-schritt-technik	• Einfachste Technik • Rechtes Bein kann besser in der Ringmitte platziert werden • Konditionell wenig anspruchsvoll	• Gefahr des Abbruchs am Ende der Vorbeschleunigungsphase • Reaktive Bein-Schnellkraft-Komponente wenig nutzbar
Angleit-technik	• Schnelles Aufsetzen des linken Beins • Nach der Vorbeschleunigung geringe Temporeduktion • Hohes Schnellkraftfähigkeitsniveau der Beine	• Schwierigkeit, das rechte Bein schnell unter den Körper zu ziehen • Hohes Schnellkraftfähigkeitsniveau
Drehstoß-technik	• Längster Beschleunigungsweg • Nutzung der Drehenergie • Vorteilhaft bei gut ausgeprägten koordinativen und konditionellen Fähigkeiten • Chance für kleine Athleten	• Koordinativ anspruchsvolle Technik • Hohe Fehlstoßanzahl im Wettkampf

6.3 Techniken aneignen, variieren und optimieren

Vereinfachungsprinzip

Im *Anfängerbereich* werden die Nachstellschritttechnik und die Wechselschritttechnik geschult. Die *Wechselschritttechnik* charakterisiert die große Bewegungskomplexität (zahlreiche hintereinander geschaltete motorische Anforderungen: Anschreiten (Angleiten), Stoßauslage einnehmen, Abstoß und Abfangen). Erfahrene Trainer empfehlen die *Bewegungslänge zu verkürzen* (Reduzierung der Bewegungskomplexität) und ausgewählte Elemente einzeln zu schulen. Hierbei stehen folgende methodische Vereinfachungen im Vordergrund.

- Die Aufmerksamkeit richtet sich auf den explosiven Abstoß unter Sicherung des optimal langen Beschleunigungswegs.
- Übungsstöße im Stand schulen die Übertragung des Beschleunigungsimpulses vom Körper auf die Kugel bei maximalem Spannungsaufbau vom Druckbein zur Hüfte und zum Oberkörper.

Leitlinien zur Aneignung des Kugelstoßens

- Abstöße aus dem frontalen oder dem seitlichen Angehen vermitteln die Umsetzung der Vorbeschleunigung in den Abstoß bei passivem Oberkörpereinsatz und Blockbildung der Stoßarmgegenseite.
- Die Erhöhung der Anforderungen erfolgt über Vorbeschleunigungstechniken, bei denen die Stoßgeschwindigkeit zunimmt.
- Den Einstieg ins Kugelstoßen erleichtert die Wechselschritttechnik.

Methodische Leitlinien zur Aneignung der Kugelstoßtechnik

Für Anfänger empfehlen sich zunächst der Einsatz leichter Kugeln und das Stoßen aus dem Stand oder der Stoßauslage bevor die Schulung der Auftakt- und Anstoßbewegung im Mittelpunkt steht.

Das methodische Vorgehen lässt sich folgendermaßen gliedern.

Methodische Übungsreihe

Gewöhnungsübungen: Kugel-ABC

Standstöße aus frontaler Schrittstellung und frontalem Angehen

Standstoß aus der seitlichen Ausgangsposition

Standstöße aus der Stoßauslage

Standstöße aus der Stoßauslage mit Auftakt

Stoßen aus der Vorbeschleunigung
- Nachstellschritttechnik
- 3-Schritt-Technik rückwärts
- Wechselschritttechnik
- Angleittechnik und Drehstoßtechnik

Gewöhnungsübungen: Kugel-ABC

Kugelgewöhnung

- Kugel um den Oberkörper kreisen
- Achterkreise durch die gegrätschten Beine
- Kugel schwingen
- Kugelwechsel von Hand zu Hand
- Erste Stoßübungen aus dem Schlussstand und der Schrittstellung (z. B. nach unten, seitlich nach oben, schräg nach oben)

Aneignung des Standstoßes

Standstoß aus frontaler Schrittstellung – Gebeugte Kniegelenke, vorgesetztes Stemmbein und Rückdrehung der Stoßschulter

Das Ellbogengelenk des Stoßarms befindet sich unterhalb und hinter der Kugel, so dass die Kugel getragen wird. Die Kugel kann in der Nähe des Kinns frei gehalten werden. Das Körpergewicht liegt über dem im Kniegelenk gebeugten hinteren Druckbein, das zum Abstoß gegen das vordere Stemmbein explosiv im Kniegelenk gestreckt wird. Die Streckung überträgt sich über den Oberkörper auf den Stoßarm (s. Abb. 61).

Standstoß frontal

Der *frontale Standstoß* kann aus dem Angehen mit einem oder zwei Schritten erfolgen. Die Stoßschulter wird im Verlauf des letzten Schritts zurückgedreht und das Abstoßen der Kugel erfolgt explosiv. Der Stoßarm wird vollständig mit der Ganzkörperstreckung im Ellbogengelenk gestreckt.

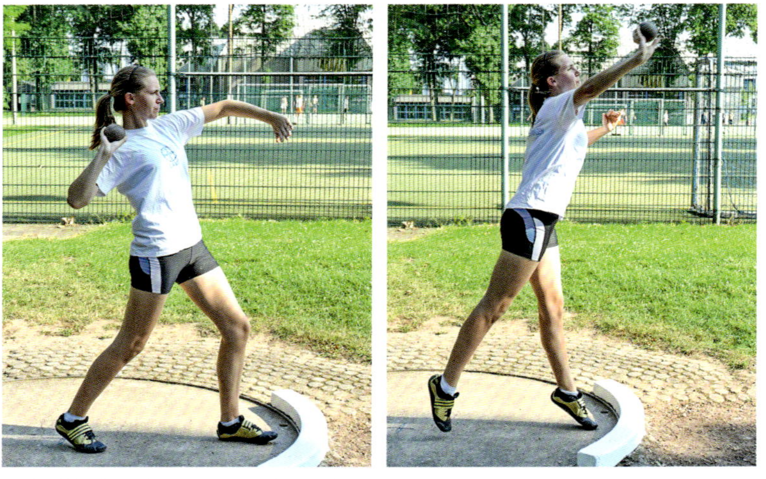

Abb. 61: Standstoß aus der frontalen Ausgangsposition

Standstoß aus frontalem Angehen

... aus dem frontalen Angehen

Die Stoßauslage erfolgt aus der Schrittstellung mit frontalem Angehen (1–2 Schritte), indem der Oberkörper beim letzten Schritt geringfügig nach hinten rotiert. Das Angehen ermöglicht dem Anfänger die Erprobung des technisch korrekten Einsatzes des Druckbeins und des Stemmbeins mit größerem Krafteinsatz, ohne dass das Stemmbeinknie nachgibt. Das Abfangen des Körpers erfolgt durch das Umspringen auf das rechte Bein (Druckbein).

Standstoß aus der seitlichen Ausgangsposition

Standstoß seitlich

In der seitlichen Ausgangsposition (Gebeugte Kniegelenke!) zeigt die linke Schulter in die Abstoßrichtung (Rechtshänder). Das im Kniegelenk gebeugte Druckbein wird während des Abstoßens gestreckt und gedreht. Den Abstoß kennzeichnen die Ganzkörperstreckung und die Fixierung des vorderen Stemmbeins (s. Abb. 62). Im Vergleich zum Frontalstoß arbeitet das Druckbein gegen das Stemmbein.

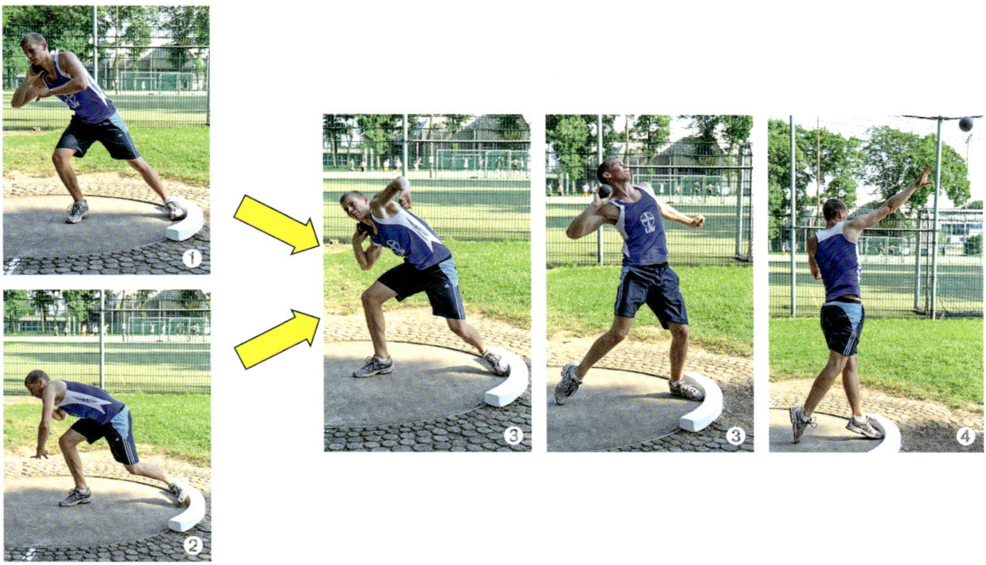

Abb. 62: Standstoß aus der seitlichen Ausgangsposition ❶ und der Wurfauslage ❷

Standstoß aus der Stoßauslage

… aus der Stoßauslage

In der Ausgangsposition holt der Sportler bis zur Verwringung des Becken- und Schultergürtels aus. Der linke Arm wirkt unterstützend, indem der Arm gegen die Stoßrichtung zeigt. Beim Abstoß arbeitet das Druckbein in der Streck- und Drehbewegung gegen das vordere Stemmbein (s. Abb. 62). Dies bedingt die Aufrichtung und die Drehung des Oberkörpers in Stoßrichtung sowie die vollständige Körperstreckung.

Standstoß aus der Stoßauslage mit Auftakt

Die Stoßauslage wird aus der Schrittstellung mit aufgerichtetem Körper eingenommen und die Kugel direkt gestoßen. Die Verwringung zwischen der Schulter- und der Beckenachse ermöglicht das „Treffen“ der Kugel und die Körperstreckung.

Standstoß als Imitationsübung

Die Standstoßbewegung wird im Rahmen der Imitationsübungen in einzelne Teilphasen zergliedert. Nach jeder Phase erfolgt der „Kontrollstopp“, bei dem sich die Aufmerksamkeit auf das bewusste „Durchlaufen“ der einzelnen Positionen richtet.
Zu den wesentlichen Ausführungskriterien zählen:

- Rechtes Bein. Unterhalb des Körperschwerpunkts
- Schultern. Parallel zum Boden
- Kugel. In der Senkrechten hinter dem Fuß
- Stemmbein. Streckung des Kniegelenks
- Linke Körperseite. Vollständige Körperstreckung

Aneignung des Stoßes aus der Vorbeschleunigung

Nachstellschritttechnik

Nachstellschritttechnik

Die Übung beginnt in der Stoßauslage mit geringfügiger Verwringung zwischen Hüft- und Schulterachse. Der rechte Fuß kann außerhalb des Stoßringes gesetzt werden (mehr Raumgewinn). Das linke Bein führt zunächst einen Schritt zur Seite aus. Anschließend wird das rechte Bein schnell mit einem Schritt nach „links seitwärts“ herangeführt. Beide Beine „laufen dem Körper voraus“, um die Stoßauslage mit Körperverwringung und Gewicht auf dem rechten Druckbein zu erzielen. Der Abstoß erfolgt vergleichbar zum Standstoß (s. Abb. 63).

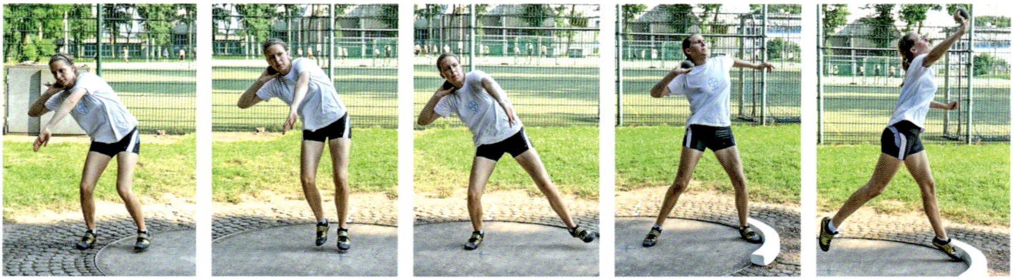

Abb. 63: Stoß aus der Nachstellschritttechnik

3-Schritt-Technik rückwärts

In der Ausgangsstellung steht der Sportler auf dem Druckbein mit dem Rücken in Stoßrichtung. Nach der Beugung der Knie- und Hüftgelenke folgen drei Rückwärtsschritte sowie mit Erreichen der Stoßauslage der

3-Schritt-Technik rückwärts

Abstoß der Kugel. Bei den Übungen mit Vorbeschleunigung muss beachtet werden, dass sich der Körperschwerpunkt vor dem Abstoß oberhalb des hinteren Druckbeins befindet, damit das Druckbein gegen das Stemmbein arbeiten kann.

Aneignung des Stoßes aus der Wechselschritttechnik

Wechselschritt-technik

Die *Ausgangsstellung* stellt der Stand auf dem späteren Stemmbein mit Rücken in Stoßrichtung dar. Nach der Knie- und Hüftgelenksbeugung folgen zwei Rückwärtsschritte bis in die Stoßauslage sowie der Abstoß der Kugel (s. Abb. 64). Das (spätere) rechte Druckbein dient als Schwungbein und wird zum linken Standbein geführt („Kauerstellung").

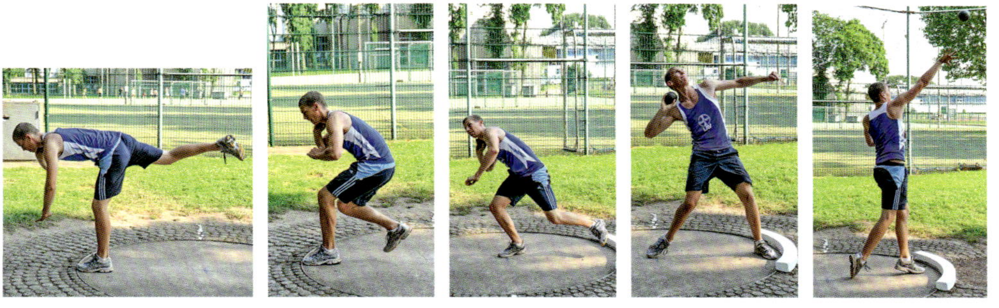

Abb. 64: Stoß aus der Wechselschritttechnik

Aneignung des Stoßes aus der Angleittechnik

In der *Ausgangsposition* beugt der Athlet das linke Bein (Schwungbein) im Kniegelenk und führt das rechte Bein (Druckbein) heran, bis das Knie die rechte Wade berührt. Aus dieser Startposition wird das Kniegelenk des Schwungbeins aktiv zum Balken gestreckt. Der Körperschwerpunkt befindet sich über dem rechten Bein. Die Kniegelenkstreckung des Druckbeins in horizontaler Richtung erfolgt nach dem das Schwungbein auf dem Boden aufsetzt. Beide Bewegungsabschnitte müssen nacheinander erfolgen.

Für die *Optimierung des Angehens* (Wechselschritttechnik) und des Angleitens (Angleittechnik) bieten sich folgende Übungen an.

Angehen und Angleiten üben

- Imitation des Angehens und des Angleitens auf der Linie (z. B. Laufbahnmarkierung oder Hallenbodenmarkierung)
- Angehen und Angleiten mit den Gegenzug durch den Partner (Festhalten der rechten Hand durch den Partner; s. Abb. 65)

Aneignung des Stoßes aus der Drehstoßtechnik

Goldmann (2005) gliedert das methodische Vorgehen – analog der Aneignung des Diskuswerfens – wie folgt.

- *Frontalstoß nach „vorn-oben" aus paralleler Fußstellung* mit geringer Verwringung der Schulterachse gegenüber der Beckenachse.
- *Stoß aus der halben Körperdrehung (½-Drehung).* Aus der Ausgangsstellung (Rücken in Stoßrichtung, Schrittstellung mit vorgestelltem linkem Bein, Gewicht auf dem rechten Bein!) mit ½ Körperdrehung den linken Fuß in Stoßrichtung setzen und Abstoß im Stütz oder mit anschließendem Herausspringen.

Kriterien der Drehstoßtechnik

- *Stoßen aus der Körperdrehung (4/4-Drehung).* Aus der Ausgangsstellung (Frontal in Stoßrichtung, Schrittstellung mit vorgestelltem linkem Bein!) 1. Schritt mit dem rechten Bein vorwärts, halbe Körperdrehung auf beiden Fußballen, ein Schritt rückwärts mit dem linken Bein (In Stoßrichtung!) bei gleichzeitigem Weiterdrehen und Abstoß im Stütz oder mit anschließendem Herausspringen.
- *Stoß aus der 1¼-Drehung.* Aus der seitlichen Ausgangsposition (Linke Schulter in Stoßrichtung!) erste ½ Körperdrehung auf den Fußballen mit anschließender Bewegungsfolge wie beim Stoß aus der 4/4-Drehung.
- *Gesamtbewegung (1½-Drehung).* Nach der ersten Körperdrehung auf dem Fußballen entspricht die weitere Bewegungsfolge dem Stoß aus der 1¼ -Drehung.

6.4 Fehler erkennen und Übungsaufgaben entwickeln

Klimmer und Gehre (1995) sowie Fuchser (2003, 2004) charakterisieren für das Kugelstoßen (Rechtshänder) bei Anfängern folgende zentrale Fehlerbilder.

Hauptfehler

- *Angehen oder Angleiten.* Druckbein (rechtes Bein) nicht ausreichend eingedreht.
- *Kugelweg.* Wellenförmig (hoch – tief).
- *Stoßauslage.* Kein Spannungsaufbau, vorzeitige Auflösung der Körperverwringung und zu weite oder enge Schrittposition.
- *Stemmbein.* Passiver Einsatz und keine Zurückstellung. Abstand zum Balken vielfach zu weit entfernt.

- *Abstoßstreckung*. Fehlender dynamischer Hüfteinsatz, keine Stemm- sowie Hebefunktion der linken Körperseite.

Bewegungen korrigieren und variieren

Die Entwicklung der Übungsaufgaben für das Kugelstoßen sollte aus zwei Blickwinkeln erfolgen. Zum einen kann die optimale Bewegungsausführung durch *Bewegungskorrekturen* erzielt werden. Zum anderen fördern die *Variationen der Bewegungsausführung* und das *selbstständige Experimentieren* die Aneignung und die Optimierung des Kugelstoßens.

Übungsaufgaben zur Verbesserung des Angehens und Angleitens

... auf die Vorwärtsbewegung achten!

Beim *Angehen* oder *Angleiten* richtet sich die Aufmerksamkeit auf die *Vorwärtsbewegung*. Anfänger setzen den 1. Schritt vielfach rückwärts mit flüchtigem Abdruck vom hinteren Bein auf. Dies bedingt den geringen Raumgewinn. Als hilfreiche Korrekturmaßnahmen gelten der langsame Bewegungsbeginn und Markierungslinien.

... frühzeitiges Aufdrehen vermeiden!

Wird der *Kopf* und der *Oberkörper frühzeitig aufgedreht* („Aufdrehen und Aufrichten“) sowie der Gegenarm in Stoßrichtung „aufgerissen“, bedingt dies aufgrund der fehlenden Hüftanspannung die technisch nicht korrekte Stoßauslage und die Verkürzung des Beschleunigungswegs. Diesem Fehlerbild kann mit Imitationsübungen begegnet werden beispielsweise durch die ein- und beidhändige Handfassung des Partners („Linken Arm lang hinten lassen“; s. Abb. 65) oder die Blickorientierung entgegengesetzt der Stoßrichtung („Blick nach hinten“). Das frühzeitige Aufdrehen des Oberkörpers lässt sich zudem verhindern, indem der Gegenarm vor der Brust auf Schulterhöhe gehalten wird („Wie-viel-Uhr-Stellung“), so dass der Übende in der Stoßphase auf die eigene Armbanduhr blicken kann.

...aktiver, flacher Schwungbeineinsatz!

Springt der Sportler beim Angehen oder Angleiten ab, wird der Oberkörper zu weit aufgerichtet. Bei diesem Fehlerbild sollte auf den aktiven, flachen Schwungbeineinsatz geachtet („Schwungbein flach zum Balken“) und das Angehen oder das Angleiten mit aktiver Kniestreckung sowie akzentuiertem Bodenkontakt des Gleitbeins erprobt werden.

Raum ausnutzen

Der verkürzte Angeh- oder Angleitweg führt dazu, dass die Stoßringfläche nicht vollständig genutzt wird. Abhilfe schafft das Angehen oder das Angleiten über die markierte Gasse (Unterschiedliche Breite!).

Vorausdrehen der Beine

Fliegt die Kugel nach dem Abstoß zu weit nach links, muss beachtet werden, dass das Angehen oder das Angleiten mit deutlich akzentuiertem Vorausdrehen der Beine und aktivem Zurückhalten des Stoßarms erfolgt („Gegenhalten"). Dies gelingt, indem der Blick während der Stoßbewegung längere Zeit nach hinten gerichtet wird. Der linke Arm (Gegenarm) wird entgegengesetzt der Stoßrichtung gehalten und zeigt auf die Markierung (z. B. Medizinball, s. Abb. 65, Bild 1). Imitationsübungen bis in die Stoßauslage akzentuieren das Gegenhalten und den schnellen linken Fußaufsatz. Das Angehen oder das Angleiten kann auch mit Hilfe des Partners imitiert werden (s. Abb. 65, Bild 2).

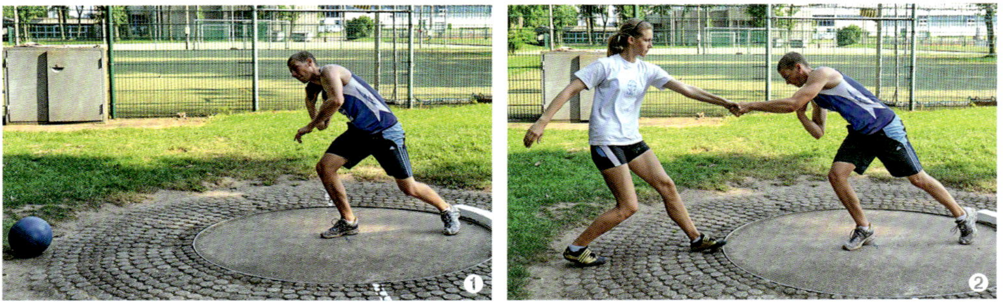

Abb. 65: Blick nach hinten zum Medizinball (Orientierungshilfe, ❶) und Partnerhilfe ❷

Verlagert sich das Körpergewicht in der Stoßauslage übermäßig auf das linke, vordere Bein, gelangt der Standbeinfuß nicht unterhalb des Oberkörpers des Sportlers, (Frühzeitige Körperaufrichtung). Das fehlende *Unterziehen des Fußes* führt zur ungünstigen Stoßauslage, da der Kraftstoß den Körperschwerpunkt nicht optimal trifft. In diesem Fall muss das rechte Bein unterhalb des Oberkörpers geführt werden, damit sich die Kugel in der Stoßauslage vor oder oberhalb des Knies befindet (s. Abb. 66). Hierzu müssen beide Füße im Landerhythmus „Rechts – Links" nahezu gleichzeitig aufsetzen.

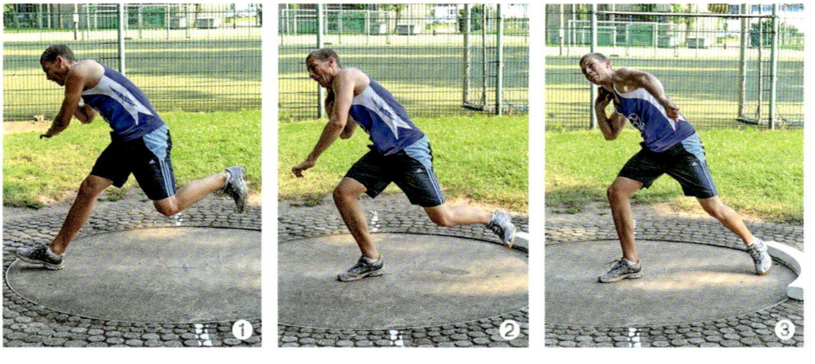

„Unterziehen" des rechten Beins

Abb. 66: Unterziehen des rechten Druckbein-Fußes ❶ und ❷ und schnelles Aufsetzen des linken Stemmbein-Fußes ❸

Übergang Angleiten und Abstoßen

Anfänger zeigen vielfach *Schwierigkeiten* hinsichtlich des *direkten Übergangs vom Angehen* (Angleiten) zum *Abstoßen*. Der linke Fuß wird nach der Landung des rechten Fußes zu spät und zu langsam aufgesetzt, da das Schwungbein zu hoch geführt wird und die durch das Angehen (Angleiten) erreichte Bewegungsbeschleunigung verloren geht. Imitationsübungen bis in die Stoßauslage wirken diesem Problem entgegen, indem auf die flache Schwungbeinführung geachtet und das linke Bein schnell und aktiv nach dem rechten Bein aufgesetzt wird (s. Abb. 66).

Übungsaufgaben zur Verbesserung der Ausstoßbewegung

Technisch korrekte Kugelhaltung

Bei Anfängern sollte besonders beachtet werden, dass die Kugel nicht in der Handfläche oder auf den Fingerspitzen, sondern auf den Fingerwurzeln liegt. Des Weiteren muss die Kugel dicht am Hals gehalten werden und der Ellbogen vom Oberkörper wegzeigen. Hierdurch kann das „Werfen" der Kugel maßgeblich verhindert und der kraftvolle Abstoß sowie das „Treffen" der Kugel gesichert werden.

Gerade Richtungsvorgabe im Abstoß

Bei *frühzeitigem Einsatz des Stoßarms beim Abstoß* verbunden mit der *fehlenden Hüftdrehung in Stoßrichtung* neigt sich der Oberkörper zur Seite („Schulter kippt") und die Kugel wird nach links abgestoßen. Der *frühzeitige Oberkörpereinsatz* verbunden mit der fehlenden Blockbildung links führt zum Abkippen des Oberkörpers nach links. In diesem Fall muss die aktive Kniestreckung des linken Beins beachtet werden.

Streck- und Stemmbewegung akzentuieren

Streckt der Anfänger das rechte Kniegelenk nicht hinreichend oder gibt das linke Bein dem Kraftstoß des rechten Beins nach, bedingt dies die *nicht ausreichende Körperstreckung in der Endphase des Abstoßes*. Die fehlende Stemmwirkung verringert die Abflughöhe und den Abflugwinkel. Diesem Fehlerbild wirken Standstöße aus der Schrittstellung mit akzentuierter Streck-Dreh-Bewegung beider Beine entgegen. Stöße über Höhenorientierer fördern den technisch korrekten Abflugwinkel.

Ellbogengelenk hinter der Schulter!

Befindet sich das *Ellbogengelenk beim Abstoß nicht hinter der Schulter*, führt dies zum ungenügenden Spannungsaufbau auf der linken Körperseite und zum frühzeitigen Einsatz des Stoßarms. In diesem Fall helfen Stöße mit akzentuiertem Nacheinander von Fuß-, Knie-, Hüft-, Schulter- und Stoßarmeinsatz oder Imitationsübungen der Ellbogenführung mit Hilfe des Partners.

Wenn das *Ellbogengelenk* sich *nicht hinter, sondern unter oder vor der Kugel* befindet, dann wird die Kugel frühzeitig vom Hals genommen und geworfen anstatt gestoßen. Bei diesem Fehlerbild sollte der Sportler dazu angehalten werden, das Ellbogengelenk anzuheben und nach außen zu drücken sowie die Fingerspitzen zum Hals auszurichten.

Stoßen! Nicht werfen!

Variation der Bewegungsbedingungen

Variation der Bewegungsbedingungen

Die für das Werfen angeführten Beispiele können auch für das Kugelstoßen angewendet werden (s. Kap. 2.3, 3.4, 4.4 u. 5.4).

Anregungen zum selbstständigen Experimentieren

Anregungen zum selbstständigen Experimentieren, die den individuellen Lernprozess unterstützen, entsprechen denen des Schlagballwerfens (s. Kap. 3.4). In Anlehnung an Zeuner et al. (2010) bieten sich für das Kugelstoßen folgende spezielle Formen des selbstständigen Experimentierens an.

- Mit unterschiedlich schweren Kugeln oder anderen Geräten stoßen (z. B. Steine, Holzklötze).
- Mit „festem“ oder „weichem“ Stemmbein stoßen.
- Aus dem Kniestand stoßen, um die besondere Bedeutung der Abflughöhe und der Gesamtkörperbewegung herauszustellen.
- Die Stoßweiten von Standstößen und Stößen aus dem Angehen sowie Angleiten miteinander vergleichen. Wie sind die Differenzen erklärbar?

Selbstständig experimentieren

6.5 Lernen und Trainieren organisieren

Die im Folgenden angeführten Hinweise und Anregungen gelten für die Aneignung sowie die Optimierung des Stoßens mit Medizinbällen und Kugeln.

Material

- *Medizinbälle* (2–3 kg) vermeiden das Werfen. Bei der Gewichtswahl technik-, kraft- und schnellkraftorientierte Trainingsziele berücksichtigen.

Leichte Kugeln

- *Leichte Kugeln* bieten Anfängern zwar die Vorteile der einfachen Handhabung und der guten Kontrolle der Auftakt- sowie Abstoßbewegung. Zu leichte Kugeln fördern aber aufgrund des geringen Widerstands das Werfen der Kugel.
- *Hallenkugeln* (Hartgummi). Für das Stoßen in der Sporthalle.
- *Gerätturnmatten*. Als Abstoßmarkierung oder Begrenzung des Bewegungsraums.
- *Elastische Sprungbänder*. Als Höhenorientierung.

Sicherheit

Sicherheitsaspekte

Für das Kugelstoßen gelten die in Kapitel 2.3 angeführten Sicherheitsvorkehrungen.

- *Linienaufstellung*. 3 m Mindestabstand zwischen den Übenden. Linkshänder stoßen auf der linken Seite.
- Stoßbalken fest verankert und gesäuberte Kugelstoßanlage.

Technik

- Während die *Wechselschritttechnik* geringe motorische Voraussetzungen erfordert, benötigt die Drehstoßtechnik die gute räumliche Orientierung und das ausgeprägte Rhythmusgefühl.
- Bei nicht ausreichender muskulärer Beinkraft ist die Wechselschritttechnik vorzuziehen!
- Bei *Anfängern* sollten zunächst einfache Technikvarianten der Vorbeschleunigung vermittelt werden (Nachstelltechnik u. Wechselschritttechnik).

Technische Ausführung

- Bei *Fortgeschrittenen* empfiehlt sich die Erprobung verschiedener Kugelstoßtechniken, um die individuell geeignete Wettkampftechnik zu bestimmen.
- Vergleichbar mit den Wurfdisziplinen ist auch beim Kugelstoßen die zeitlich korrekte Abfolge der Fuß-, Knie- und Hüftstreckung mit verzögertem Einsatz des Oberkörpers, der Stoßschulter und des Stoßarms in der Hauptbeschleunigungsphase von besonderer Bedeutung.
- Den Bein-Rhythmus kann der Trainer mit akustischen Orientierungshilfen wie „Laaaang – Kurz – Kurz“ verdeutlichen. Dem zeitlich längeren Angehen und Angleiten folgt die zeitlich kurze Phase des Aufsetzens des rechten und linken Fußes mit explosivem Beschleunigungskraftstoß.

Methodik

Methodische Hinweise

- Zur Vermittlung der technischen Grundlagen eignen sich Standstöße unter vereinfachten Bedingungen und mit Angehen.
- Frontale Standstöße sollten nicht „auf Weite" erfolgen, sondern als erste Stoßerfahrungen verstanden werden.
- Werden Imitationsübungen durchgeführt, sollte die Bewegung in der Stoßauslage enden.
- Metaphern eignen sich zur Beschreibung der gewünschten Körperposition (z. B. „Blick auf die Uhr": Geschlossene Körperhaltung in der Ausgangsstellung).

6.6 Wettkämpfe

Pädagogisch orientierte Wettkampfformen

Pädagogisch orientierte Wettkampfformen dienen der allmählichen Hinführung zur normierten leichtathletischen Wettkampfform des Kugelstoßens. Folgende alternative Wettkampfformen bieten sich an.

Pädagogisch orientierte Wettkampfformen

Medizinballstoßen auf Ziele

- Stabile Ziele (z. B. Gerätturnmatte, Längskasten, Wand- und Bodenmarkierungen)
- Instabile Ziele (z. B. Medizinball mit Tennisring stabilisiert, kleine Trainingspylone, Pappkarton, Slalomstange)
- Bewegliche Ziele (z. B. rollender Medizinball, Ballwagen)
- Variation der Ausgangsstellung und Einzel- sowie Mannschaftswettkämpfe

Stoßspiele mit dem Medizinball

- Balltreiben
- Gassenstoßen (Abstand: 5 m; Nicht kraftvoll, sondern präzise!)
- Ball über die Schnur (Nur Stoßen ist erlaubt!)
- Zonenstoßen. Präzision und/oder Weite

- Kettenstoßen (Auf Weite!). Der jeweils nächste Sportler stößt von der Aufschlagstelle des Medizinballs (Seitlicher Abstand: mind. 5 m. Dieselbe Stoßrichtung!).

Stoßspiele mit der Kugel

- *Kugelboccia*. Zwei Teams stehen sich am Basketballkreis oder Volleyball-Angriffsfeld mit gleichem Abstand gegenüber. Auf Kommando des Lehrers rollt jedes Mitglied des Teams 1 eine Hallenkugel in das Zielfeld. Hallenkugeln, die im Zielfeld zum Stillstand kommen: 1 Wertungspunkt. Anschließend sammelt Team 2 die Hallenkugeln ein und rollt diese ins Zielfeld. Die Sieger werden nach drei Durchgängen ermittelt.
- *Wettkampfformen analog zum Ballwurf und Speerwurf*. Serienstöße, Rekordangriff, Steigerungsstöße und Differenzmeister.
- *Vielseitigkeitsmeister mit der Kugel*. Addition der mit dem rechten und linken Arm erzielten Stoßweiten (z. B. aus dem Stand, Angehen und Angleiten, mit Vorbeschleunigung).
- *Kugelstoßen relativ*. Stoßweite auf das Körpergewicht relativieren. Der Quotient aus Stoßweite (cm)/Körpergewicht (kg) ist umso besser, je größer dieser ausfällt.

DLV Wettkampfsystem Kinderleichtathletik

Das *Stoßen* ist fester Bestandteil des *DLV Wettkampfsystems Kinderleichtathletik* (DLV, 2018; 2020).

DLV Wettkampfsystem Kinderleichtathletik

- In der Altersklasse U 8 (6–7 Jahre) wird das Sportgerät (z. B. Medizinball, Basketball) beidhändig von der Brust möglichst weit nach vorn gestoßen.
- In der Altersklasse U 10 (8–9 Jahre) wird das Sportgerät (z. B. Medizinball, Basketball) mit beiden Händen aus der seitlichen Stoßauslage möglichst weit nach vorn gestoßen.
- In der Altersklasse U 12 (10–11 Jahre) wird dem Stoß von Sportgeräten (z. B. Medizinball, Basketball) der 3-Schritt-Rhythmus vorgeschaltet.

In den drei Altersklassen U 8 bis U 12 werden Weitenpunkte als Team gesammelt und die Teamwertungen in eine Rangfolge gesetzt. In der Altersklasse U 12 sind Einzelwertungen möglich (DLV, 2018; 2020).

Wettkampfbestimmungen

Der Athlet muss die Kugel aus dem Kugelstoßkreis und mit einer Hand von der Schulter stoßen. Während des Stoßes darf die Hand nicht gesenkt und die Kugel sich nicht hinter der Schulter befinden. Der Stoßkreis muss nach dem Abstoß der Kugel nach hinten verlassen werden. Tabelle 6 führt die Altersklassen und die Kugelgewichte auf.

Messen der Leistung

Messen der Leistung

Jeder gültige Stoß wird vom nächstliegenden Punkt des Kugelabdrucks bis zur Innenkante des Stoßbalkens entlang einer geraden Linie gemessen, die bis zum Kreismittelpunkt führt (s. Abb. 67). Der 0-Punkt des Bandmaßes wird am „nächstliegenden" Kugelabdruck angelegt. Anschließend wird das gerade gespannte Band über den Stoßbalken zum Kreismittelpunkt gezogen. Die Stoßleistung wird an der Innenkante des Stoßbalkens zentimeterweise abgelesen.

Stoßanlage

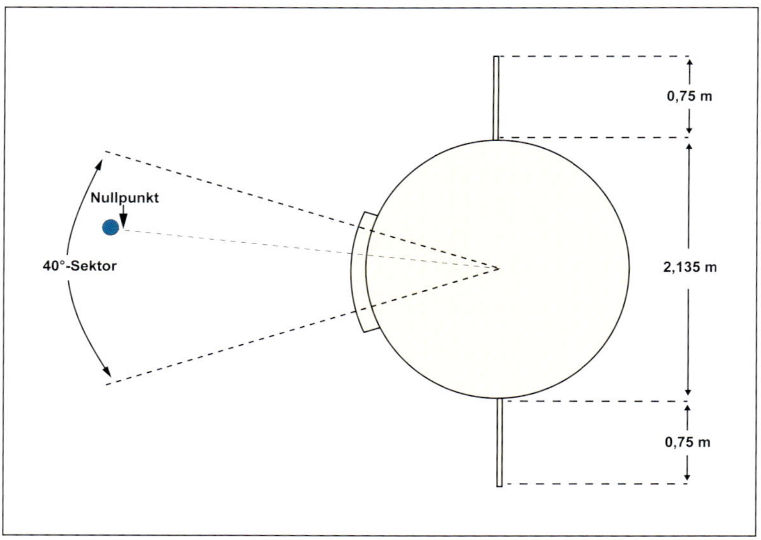

Abb. 67: Kugelstoßanlage und Messvorgang (mod. nach Haberkorn & Plaß, 1992, S. 195)

Ungültige Versuche

- Wenn während des Versuchs mit einem Körperteil der Boden außerhalb des Stoßkreises, die Oberseite des Stoßbalkens oder des Stoßrings berührt wird.

- Wenn nach dem Abstoß
  - der Stoßkreis verlassen wird, bevor die Kugel den Boden berührt.
  - der Stoßkreis mit dem 1. Schritt zur vorderen Hälfte verlassen wird.
  - die Kugel nicht innerhalb des Sektors aufkommt.

Altersklassen und Kugelgewichte

Tab. 7: Altersklassen und Kugelgewichte

Weiblich		Männlich	
U 14 (12-13 J.)	3,00 kg	**U 14 (12-13 J.)**	3,00 kg
U 16 (14-15 J.)	3,00 kg	**U 16 (14-15 J.)**	4,00 kg
U 18 (16-17 J.)	3,00 kg	**U 18 (16-17 J.)**	5,00 kg
U 20 (18-19 J.)	4,00 kg	**U 20 (18-19 J.)**	6,00 kg
U 23 (20-22 J.)	4,00 kg	**U 23 (20-22 J.)**	7,26 kg
Frauen	4,00 kg	**Männer**	7,26 kg

6.7 Leseempfehlungen

Lese-empfehlungen

Zentrale Grundlagen, Besonderheiten und fundamentale Übungen zum Kugelstoßen (Wechselschritttechnik, Angleittechnik, Drehstoßtechnik) thematisieren die praxisorientierten Beiträge von Oltmanns (1999, 2003, 2007), Zöllkau (1997), Goldmann (2005), Salzer und Killing (2012) in der Zeitschrift *Leichtathletiktraining*. Die schulsportorientierten Beiträge von Tille (2009) und Seeg (2013) in der Zeitschrift *sportunterricht* zeigen methodische und experimentell-forschende Übungsreihen zur Aneignung des Kugelstoßens auf.

Literatur

Arbeitsgemeinschaft der Regelkommission von DLV, FLA, ÖLV und SwA, Hartz, K. (Red.). (2022/2023). *Internationale Wettkampfregeln (IWR)* (Ausgabe 2022–2023). Kaiserslautern: Tailor & Partner.

Ahonen, J., Lahtinen, T., Sandström, M. & Pogliani, G. (2003). *Sportmedizin. Trainingslehre*. Stuttgart: Schattauer.

Bappert, S., Karger, C., Seidel, I., Bös, K. & Oberger, J. (2006). Sportmotorische Tests im Setting Verein: Der Kinderturn-Test. *Bewegungstherapie und Gesundheitssport, 22* (6), 233-237.

Bartonietz, K. (2003). Basis für viele Sportarten: Der gerade Wurf. *Leichtathletiktraining, 14* (2-3), 40-47.

Bartonietz, K. (2009). Unterschiedliche Geräte zum Fliegen bringen. *Leichtathletiktraining, 20* (5), 4-11.

Bartonietz, K. (2016). Den Speer zum Fliegen bringen. *Leichtathletiktraining, 27* (4), 32-39.

Baumann, W. (1989). Mechanische und biologische Grundlagen. In K. Willimczik (Hrsg.), *Biomechanik der Sportarten* (S. 56-100). Reinbek: Rowohlt.

Belz, M. & Frey, G. (2009). *Doppelstunde Leichtathletik – Band 1 Klasse 5–7 (10- bis 12-Jährige) – Unterrichtseinheiten und Stundenbeispiele für Schule und Verein*. Schorndorf: Hofmann.

Belz, M. & Frey, G. (2013). *Doppelstunde Leichtathletik – Band 2 Klasse 8–10 (13- bis 17-Jährige) – Unterrichtseinheiten und Stundenbeispiele für Schule und Verein*. Schorndorf: Hofmann.

Belz, M. & Frey, G. (2015). *Doppelstunde Leichtathletik – Band 3 Klasse 10–12 (16- bis 19-Jährige) – Unterrichtseinheiten und Stundenbeispiele für Schule und Verein*. Schorndorf: Hofmann.

Blum, I. & Friedemann, K. (2001). *Trainingslehre – Theorie in der Sekundarstufe II*. Pfullingen: Promos.

Bös, K. (Hrsg.). (2017). *Handbuch motorische Tests*. Göttingen: Hogrefe.

Bös, K., Schlenker, L. (Mitwirkende), Büsch, D., Lämmle, L., Müller, H. Oberger, J., Seidel, I. & Tittlbach, S. (2009). *Deutscher Motorik-Test 6-18 (DMT 6-18)*. Hamburg: Czwalina.

Boyle, M. (2011). *Fortschritte im functional training: Neue Trainingstechniken für Trainer und Athleten* (1. Auflage). München: riva.

Boyle, M. (2017). *Functional Training: Das Erfolgsprogramm der Spitzensportler* (1. Auflage). München: riva.

Bruininks, R.H. & Bruininks, B.D. (2005). *Bruininks-Oseretzky Test of Motor Proficiency Second Edition – BOT™-2*. Minneapolis, MN: Pearson Assessments.

Cahill, M. J., Cronin, J. B., Oliver, J. L., Clark, K. P., Lloyd, R. S. & Cross, M. R. (2019). Sled pushing and pulling to enhance speed capability. *Strength & Conditioning Journal, 41* (4), 94-104.

Cook, G. (2010). *Der perfekte Athlet: Spitzenleistungen durch Functional Training*. München: riva.

de Marées, H. (2017). *Sportphysiologie* (9. Aufl.). Hellenthal: Sportverlag Strauß.

Deutscher Leichtathletik Verband [DLV] (Hrsg.). (2011). *Jugendleichtathletik-Wurf. Rahmentrainingsplan des Deutschen Leichtathletik-Verbandes für die Wurf- und Stoßdisziplinen im Aufbautraining*. Münster: Philippka.

Deutscher Leichtathletik Verband [DLV] (Hrsg.). (2018). *Kinderleichtathletik (Altersklassen U 8 U 12). Offizieller Rahmentrainingsplan des Deutschen Leichtathletik-Verbandes für das Grundlagentraining* (5. vollständig überarbeitete und erweiterte Auflage). Münster: Philippka.

Deutscher Leichtathletik Verband [DLV] (Hrsg.). (2020). *Wettkampfsystem Kinderleichtathletik*. Darmstadt: DLV.

Dober, R. (2023). *Impulsübertragung*. www.sportunterricht.de/lksport/speimpuls.html.

Dreier, J. (2017). Erfolgreich Schlagballwerfen lernen. *Leichtathletiktraining, 28* (6), 12-18.

Eberle, F. (2007). Werfen mit dem Medizinball. *Leichtathletiktraining, 18* (4), 10-15.

Eberle, F. (2010). Handlungsfeld Werfen. *Leichtathletiktraining, 21* (2-3), 52-62.

Frey, G. & Hildenbrandt, E. (1995). *Einführung in die Trainingslehre. Teil 2: Anwendungsfelder*. Schorndorf: Hofmann.

Frey, G., Hildenbrandt, E. & Kurz, D. (1995). *Laufen, Springen, Werfen*. Hamburg: Rowohlt.

Fröhlich, N. (2017). Aus der Drehung, fertig, los. *Leichtathletiktraining, 28* (5), 32-39.

Fuchser, I. (2003). *Schleuderball-Werfen. BLV-Nachwuchs und Breitensport*. Lehrbeilage des Berner Leichtathletik-Verbands, 1-10.

Fuchser, I. (2004). *Kugelstoßen – Die Wechselschritttechnik. BLV-Nachwuchs und Breitensport*. Lehrbeilage des Berner Leichtathletik-Verbands, 1-12.

Fuchser, I. (2006). *Technikaufbau Ballwurf. BLV-Nachwuchs und Breitensport*. Lehrbeilage des Berner Leichtathletik-Verbands, 1-16. www.blv-nachwuchs.ch.

Fuchser, I. (2008). *Grobtechnik Speerwurf.* Unveröffentlichtes Informationsblatt. Bern: Berner Leichtathletik-Verband.

Göhner, U. (1975). Lehren nach Funktionsphasen I und II. *sportunterricht, 1*, 45-50.

Göhner, U. (1979). *Bewegungsanalysen im Sport*. Schorndorf: Hofmann.

Goldmann, W. (2005). Die Kugel richtig beschleunigen. *Leichtathletiktraining, 16* (2-3), 13-21.

Haberkorn, Ch. & Plass, R. (1992). *Spezielle Didaktik der Sportarten: Leichtathletik I (Didaktische Grundlagen – Lauf) und II (Sprung-Wurf-Stoß)*. Frankfurt: Diesterweg-Sauerländer.

Heinicke, W. & Hütcher, R. H. (2016). Schlag- und Drehwurf stufenweise entwickeln Teil 1. *Leichtathletiktraining, 27* (2-3), 64-71, *27* (5), 10-16.

Hochmuth, G. (1982). *Biomechanik sportlicher Bewegungen* (5. Aufl.). Berlin: Sportverlag.

Höner, O. & Roth, K. (2002). Klassische Testtheorie: Die Gütekriterien sportwissenschaftlicher Erhebungsmethoden. In R. Singer & K. Willimczik (Hrsg.), *Sozialwissenschaftliche Forschungsmethoden in der Sportwissenschaft* (S. 67-97). Ahrensburg: Czwalina.

Hommel, H. (2008). Würfe beobachten und analysieren. *Leichtathletiktraining, 19* (5), 32-37.

Hommel, H. & Schrader, A. (2008). Wechselschritt: „Ja oder nein?". *Leichtathletiktraining, 19* (4), 20-26.

Hütcher, R. H. (2015). Vielseitige Wurfschule. *Leichtathletiktraining, 26* (9-10), 30-35.

Jouck, S. (2007). *Dordel-Koch-Test (DKT). Ein Test zur Erfassung der motorischen. Leistungsfähigkeit im Kindes- und. Jugendalter.* Unveröffentlichte Dissertation. Köln: Deutsche Sporthochschule Köln.

Katzenbogner, H. (1995). Mit Methode aktivieren: Ein Beispiel aus dem Bereich Werfen. *Leichtathletiktraining, 6* (5), 3-9.

Katzenbogner, H. (2009). Werfen lernen Kinder nur durch Werfen. *Leichtathletiktraining, 20* (2-3), 20-25.

Katzenbogner, H. & Medler, M. (1991). Aufwärmen einmal anders. *Leichtathletiktraining, 2* (3), 21-23.

Killing, W. (2021). Techniktraining in den Wurfdisziplinen. Leichtathletiktraining, 32 (4), 22-28.

Klimmer, H. & Gehre, D. (1995). Motorisches Lernen und Fehlerkorrektur (Teil 3, Kugelstoßen). *Leichtathletiktraining, 6* (6), 3-9.

Körner, P. (2015). Mit (Vor-)spannung zum Drehwurf. *Leichtathletiktraining, 26* (7), 24-32.

Kollark, D. (2007). Eine wirkliche Alternative zum Angleiten. *Leichtathletiktraining, 18* (12), 20-25.

Lange, M. (2002). Den Start in´s Training optimal gestalten. *Leichtathletiktraining, 13* (8), 4-11.

Lehmann, F. (2014). Die Qualität der Abwurfbewegung. Teil 1 und 2. *Leichtathletiktraining, 25* (4), 4-10, (6), 32-39.

Lehmann, F. (2016). Leichte oder schwere Wurfgeräte einsetzen? *Leichtathletiktraining, 27* (2-3), 40-46.

Looks. (2012). Vom Schlag- zum Speerwurf. *Leichtathletiktraining, 23* (2-3), 46-53.

Lück, G. & Götz, O. (2020). Die Phasen des Warm-ups. *Leichtathletiktraining, 31* (9-10), 4-12.

Lütgeharm, R. (2011). Erst drehen, dann werfen. *Leichtathletiktraining, 12* (5), 24-28.

Lütgeharm, R. (2019). Auf und neben dem Platz erwärmen. Teil 1 und 2. *Leichtathletiktraining, 30* (8), 20-27, (9-10), 44-52.

Martin, K. (2003). Werfen in seiner Vielfalt erleben (Teil 1). *Leichtathletiktraining, 14* (7), 32-39.

May, R. (2011). Koordination mit dem Speer. *Leichtathletiktraining, 22* (11), 16-23.

Neumaier, A. (1983). *Sportmotorische Tests in Unterricht und Training*. Schorndorf: Hofmann.

Oltmanns, K. (1992). Spielerische Möglichkeiten zum Erlernen des Diskuswurfs. *Leichtathletiktraining, 3* (7), 27-33.

Oltmanns, K. (1999). Die Rückenstoßtechnik im Übergang zum Aufbautraining. *Leichtathletiktraining, 10* (10-11), 58-65.

Oltmanns, K. (2001a). Tipps und Tricks zum Diskuswerfen. *Leichtathletiktraining, 12* (7), 4-12.

Oltmanns, K. (2001b). Tipps und Tricks zum Schlagballwerfen. *Leichtathletiktraining, 12* (2-3), 38-42.

Oltmanns, K. (2003). Das Entscheidende beim Kugelstoßen. *Leichtathletiktraining, 14* (2-3), 8-15.

Oltmanns, K. (2007). Bereit für das Angleiten. *Leichtathletiktraining, 18* (5), 28-33.

Oltmanns, K. (2008). Das methodische Übungsnetz für die Entwicklung vom Ball- zum Speerwurf. *Leichtathletiktraining, 19* (6), 28-33.

Oltmanns, K. (2009). Readg to go. *Leichtathletiktraining, 20* (7), 4-9.

Panzer, S. (2002). Trainingsprinzipien zwischen Wissensproduktion und Wissensanwendung. In J. Krug & H.-J. Minow (Hrsg.), *Trainingsprinzipien – Fundament der Trainingswissenschaft* (S. 65-70). Köln: Strauß.

Petermann, F., Bös, K. & Kastner, J. (2008) *Movement Assessment Battery for Children, second Edition*. Frankfurt a. Main: Pearson.

Reis, V. M. & Ferreira, A. J. (2003). The validity of general and specific strength tests to predict the Shot Put performance – a pilot study. *International Journal of Performance Analysis in Sport, 3* (2), 112-120.

Ritschel, M. (2009). Techniktraining für Speerwerfer. *Leichtathletiktraining, 20* (8), 4-11.

Rosenfelder, W. (2011). *Leichtathletik spielend lernen und trainieren. Attraktive Doppelstunden für alle Altersstufen*. Wiebelsheim: Limpert.

Roth, K. (2002). Sportmotorische Tests. In R. Singer & K. Willimczik (Hrsg.), *Sozialwissenschaftliche Forschungsmethoden in der Sportwissenschaft* (S. 99-121). Hamburg: Czwalina.

Rothenfluh, E. & Kunze, H. (2001) Die Regernation beginnt beim Auslaufen – Cooldown. *Mobile, 5*, 42-43.

Salomon, H. (2008). Drehwürfe leicht gemacht. *Leichtathletiktraining, 19* (11), 18-21.

Salzer, P. (2007). Von der Wechselschritt- zur Drehstoßtechnik. *Leichtathletiktraining, 18* (12), 4-11.

Salzer, P. & Killing, W. (2012). Die Kugel zum Fliegen bringen. *Leichtathletiktraining, 23* (2-3), 58-65.

Scherer, H.-G. (2001). Jan lernt Speerwerfen. *Sportpädagogik, 25* (4), 2-5.

Schnabel, G., Harre, D., Krug, J. & Borde, A. (2003). *Trainingswissenschaft. Leistung – Training – Wettkampf*. Berlin: Sportverlag

Seeg. M. (2013). Kugelstoßen in der Schule. *sportunterricht, 62* (12), 372-376.

Tille, G. (2009). Kugelstoßen: Mit vier Lernschritten zur Rückstoßtechnik. *Lehrhilfen für den Sportunterricht, 58* (6), 6-10.

Verstegen, M. & Williams, P. (2012). *Core performance: Das revolutionäre Workout-Programm für Körper und Geist* (10. Aufl.). München: riva.

Wastl, P. & Wollny, R. (2012). *Leichtathletik in Schule und Verein. Ein Praxishandbuch für Lehrer und Trainer*. Schorndorf: Hofmann.

Weineck, J. (2019). *Optimales Training. Leistungsphysiologische Trainingslehre unter besonderer Berücksichtigung des Kinder- und Jugendtrainings* (17. Aufl.). Balingen: Spitta.

Wiemeyer, J. & Wollny, R. (2017). Technik und Techniktraining. In K. Hottenrott & I. Seidl (Hrsg.), *Handbuch Trainingswissenschaft – Trainingslehre* (S. 263-290). Schorndorf: Hofmann.

Wiemeyer, J. & Wollny, R. (2023). Technik und Techniktraining im Sport. Anwendungsbereiche, Methoden, Trainingsformen, Organisation, Anpassungen, Diagnostik. In A. Güllich & M. Krüger (Hrsg.), *Bewegung, Training, Leistung und Gesundheit . Handbuch Sport und Sportwissenschaft* (S. 933-945). Heidelberg: Springer.

Willimczik, K. (Hrsg.) (1998). *Biomechanik der Sportarten. Grundlagen, Methoden, Analysen*. Reinbeck: Rowohlt.

Wollny, R. (2022). *Bewegungswissenschaft – Ein Lehrbuch in 12 Lektionen* (5. korrigierte Aufl.). Aachen: Meyer & Meyer.

Zeitschrift Sportpädagogik (1982). Heft 2 *„Leichtathletik"*. Seelze: Friedrich.

Zeitschrift Sportpädagogik (1995). Heft 3 *„Leichtathletik neu entdecken"*. Seelze: Friedrich.

Zeitschrift Sportpädagogik (1997). Sonderheft *„Laufen, Springen und Werfen im Schulsport"*. Seelze: Friedrich.

Zeitschrift Sportpädagogik (2009). Heft 3 u. 4 *„Laufen, Springen, Werfen"* (Red. B. Neumair). Seelze: Friedrich.

Zeitschrift Sportpraxis (2001). Sonderheft *Spielerische Leichtathletik*. Wiebelsheim: Limpert.

Zeuner, A., Hofmann, S. & Lehmann, F. (2010). *Sportiv – Leichtathletik* (8. Auflage). Leipzig: Klett.

Zöllkau, H. (1997). Knotenpunkte der Kugelstoßtechnik und ihr Training im Mehrkampf. *Leichtathletiktraining, 8* (5-6), 27-32.